CW01307601

El punto ciego

Javier Cercas (Ibahernando, 1962) es profesor de literatura española en la Universidad de Gerona. Ha publicado ocho novelas: *El móvil*, *El inquilino*, *El vientre de la ballena*, *Soldados de Salamina*, *La velocidad de la luz*, *Anatomía de un instante*, *Las leyes de la frontera* y *El impostor*.

Su obra consta también de un ensayo, *La obra literaria de Gonzalo Suárez*, y de tres volúmenes de carácter misceláneo: *Una buena temporada*, *Relatos reales* y *La verdad de Agamenón*. Sus libros han sido traducidos a más de treinta idiomas y han recibido numerosos premios nacionales e internacionales, dos de ellos al conjunto de su obra: el Premio Internazionale del Salone del Libro di Torino, en Italia, y el Prix Ulysse en Francia.

La cátedra Weidenfeld en Literatura Europea Comparada de la Universidad de Oxford fue creada en 1994 por Lord Weidenfeld, el eminente editor, periodista y filántropo británico de origen austriaco. Desde su fundación ha sido ocupada sucesivamente por George Steiner, Martha C Nussbaum, Gabriel Josipovici, Amos Oz, Roberto Calasso, Umberto Eco, Nike Wagner, Robert Alter, Mario Vargas Llosa, Sander Gilman, Michele Le Doueff, Wolf Lepenies, Bernard Schlink, Marjorie Perloff, Roger Chartier, James Wood, Ali Smith, Don Paterson y Javier Cercas.

JAVIER CERCAS
El punto ciego

RANDOM HOUSE

Papel certificado por el Forest Stewardship Council®

MIXTO
Papel | Apoyando la
silvicultura responsable
FSC® C117695

Penguin
Random House
Grupo Editorial

Segunda edición: marzo de 2016
Primera reimpresión: mayo de 2024

© 2016, Javier Cercas
© 2016, de la presente edición en castellano para todo el mundo:
Penguin Random House Grupo Editorial, S. A. U.
Travessera de Gràcia, 47-49. 08021 Barcelona
Diseño de cubierta: Penguin Random House Grupo Editorial / Nora Grosse
Ilustración de cubierta: © Mark Burckhardt

Penguin Random House Grupo Editorial apoya la protección del *copyright*.
El *copyright* estimula la creatividad, defiende la diversidad en el ámbito de las ideas y el conocimiento, promueve la libre expresión y favorece una cultura viva. Gracias por comprar una edición autorizada de este libro y por respetar las leyes del *copyright* al no reproducir, escanear ni distribuir ninguna parte de esta obra por ningún medio sin permiso. Al hacerlo está respaldando a los autores y permitiendo que PRHGE continúe publicando libros para todos los lectores.
Diríjase a CEDRO (Centro Español de Derechos Reprográficos, http://www.cedro.org) si necesita fotocopiar o escanear algún fragmento de esta obra.

Printed in Spain – Impreso en España

ISBN: 978-84-397-3117-7
Depósito legal: B-25.924-2015

Compuesto en La Nueva Edimac, S. L.

Impreso en Liber Digital, S. L.
Casarrubuelos (Madrid)

RH3117A

Para Raül Cercas y Mercè Mas

Si me dieran a elegir entre buscar la verdad y encontrarla, elegiría buscar la verdad.

G. E. Lessing

La misión del arte hoy es introducir el caos en el orden.

T. W. Adorno

ÍNDICE

Prólogo 13

Primera Parte. La tercera verdad 19

Segunda Parte. El punto ciego 51

Tercera Parte. La pregunta de Vargas Llosa 75

Cuarta Parte. El hombre que dice no 105

Epílogo. Un arma de destrucción masiva 129

PRÓLOGO

Este libro es fruto del azar. En el verano de 2014 recibí una carta firmada por Sally Shuttleworth, catedrática de literatura inglesa en Oxford, invitándome a ocupar el puesto de Weidenfeld Visiting Professor in Comparative Literature, un encargo que obligaba a pronunciar un ciclo de conferencias abiertas al público de su universidad. Al terminar de leer la carta no pude evitar acordarme de una anécdota que me contó mi editor español, Miguel Aguilar. De joven Miguel jugaba al rugby y, un día, uno de sus compañeros de equipo recibió la noticia de que había sido convocado por la selección española de ese deporte. El compañero de Miguel no era un gran jugador, de hecho era un jugador del montón, si no de los peores del equipo, pero, pasado el primer momento de perplejidad, entró en estado de euforia, sintió que por fin se reconocía su talento de jugador de rugby y se pasó un fin de semana maravilloso, disfrutando de aquel reconocimiento inesperado; hasta que el lunes le dieron la mala noticia: no estaba convocado con la selección, el convocado era otro, se había producido un error lamentable, le pedían disculpas. Intento practicar la humildad, pero procuro evitar el masoquismo, así que, salvo en los malos momentos, no me considero un escritor del montón; pero la verdad es que, cuando comprobé que entre mis predecesores en aquella cátedra figuraban George Steiner, Mario Vargas Llosa, Umberto Eco y un corto etcétera, pensé que todo podía ser un malentendido, o quizá una broma. No era ni una cosa ni la otra, o por lo menos nadie reunió el valor suficiente para decirme que lo era a lo largo del mes y medio que pasé en Oxford durante la primavera del año siguiente; eso sí, por si acaso yo me esforcé para que, si en efecto se trataba de una broma o un error, se notara lo menos posible.

Las páginas que siguen son fruto de ese esfuerzo. En ellas reelaboro en castellano las cinco conferencias que dicté en inglés durante aquellos días. Todas ellas parten de mi experiencia de escritor; a veces parten de mis propios libros, o incluso giran aparentemente en torno a ellos. Vaya por delante que no soy de los que creen que los mejores críticos seamos los escritores; lo que sí creo es que todo buen escritor es, lo sepa o no, un buen crítico, y que todo buen crítico es un buen escritor; también sé que algunos de los mejores críticos que conozco, de T. S. Eliot a Jorge Luis Borges, son, antes que grandes críticos, grandes escritores. No entiendo por tanto la mayoría de las sospechas que, especialmente en algunas tradiciones literarias, como la del español, despiertan los escritores que ejercen de críticos, que hablan de sus libros o de literatura en general, o más bien las entiendo pero me parecen ridículas, pusilánimes y empobrecedoras; sobre todo entiendo algunas de ellas: sospechas de intentar monopolizar la interpretación de su propia obra, o de querer inducir una determinada interpretación, ignorando o pretendiendo ignorar que el lector es tan dueño de la obra como el escritor; sospechas de estar haciendo propaganda de sí mismo, de no hablar de lo que realmente ha hecho sino de lo que imagina que ha hecho, de lo que le gustaría haber hecho o por lo menos de lo que le gustaría no haber hecho. Poniéndose en el mejor de los casos, W. H. Auden lo dijo muy bien: «Las opiniones críticas de un escritor deben tomarse *cum grano salis*. Generalmente, son manifestaciones del debate que mantiene consigo mismo respecto a lo que debería hacer y lo que debería evitar». Gabriel Ferrater, un poeta catalán que aprendió mucho de Auden, fue por su parte concluyente: «El peor agravio que se puede hacer a las teorías de los artistas (incluso –y quizá sobre todo— los escritores) es tomarlas en serio como teorías». Puede ser; pero lo que es seguro es que, además de ser dos de los más grandes poetas de sus lenguas respectivas, Auden y Ferrater son dos de sus más grandes críticos. Por lo demás, no veo qué puede tener de malo que la crítica de un escritor sea una manifestación del debate que el escritor mantiene consigo mismo, como dice Auden; mejor dicho: para mí —y creo que también para Auden—, eso lo tiene todo de bueno. Es verdad que, por su misma naturaleza radicalmente individual, obligadamente egoísta, ese debate puede incapacitar al escritor para apreciar las virtudes de una obra que no le resulta útil o le parece consabida; esto en parte explicaría, por ejemplo, el poco entusiasmo de Eliot por la poesía de su admirador Luis Cernuda —cuya obra rechazó publicar cuando era editor de Faber and Faber—, igual que explica el desprecio de Borges por la mayor parte de la novela realista.[1] No es menos verdad, sin embargo, que la literatura avanza siempre por delante de la crítica, por la misma razón que el explorador avanza siempre por delante del cartógrafo, en cabeza de la expedición, abriendo camino, y que el mismo insobornable individualismo que anima la búsqueda del escritor le permite detectar, en determinadas obras, virtudes escondidas u olvidadas por todos pero vitales para él, para la exploración que lleva a cabo con su propia obra, lo que explicaría, por ejemplo, la deslumbrante relectura que hizo Eliot de los poetas metafísicos ingleses —Crashaw, Donne y Herbert— o la que hizo Borges del *Quijote*.

Añado algo más. John Updike confesó en una entrevista que había concedido su primera entrevista con cincuenta años; quizá exageraba, pero lo cierto es que ahora mismo una parte del tiempo de cualquier escritor profesional se le va, le guste o no, en conceder entrevistas y en participar en presen-

---

1. Otro ejemplo del fecundo egoísmo de los escritores: Eliot no apreciaba en absoluto ni a Bernard Shaw ni a H. G. Wells, mientras que para Borges fueron escritores fundamentales, a quienes nunca dejó de expresar su gratitud.

taciones o discusiones sobre su obra. Esto tiene un lado negativo, por no decir grotesco, y es que más de una vez el escritor puede sentirse íntimamente como un mercachifle de sí mismo; pero, si uno opta por hacer de la necesidad virtud, también puede tener un lado positivo. Hablar de un libro cuando todavía se está escribiendo me parece una mala idea, en parte porque si lo haces, como dijo Hemingway, algo esencial se esfuma —después de todo, para qué voy a escribir un libro si antes de haberlo escrito ya puedo contarlo—, y en parte porque, mientras el libro se está escribiendo, todavía es pura libertad (o casi) y pertenece sólo al escritor (o casi), como el niño sólo pertenece a la madre (o casi) mientras crece en su vientre. Todo esto cambia cuando el libro está publicado y ya es sólo necesidad (o casi) y su dueño es el lector además del escritor. Entonces, distanciado del libro ya escrito, cortado el cordón umbilical con él, el autor puede o incluso debe empezar el debate al que aludía Auden, el debate consigo mismo y con su propia obra respecto a qué es lo que ha hecho bien y qué es lo que ha hecho mal, respecto a qué debería hacer en el futuro y qué debería evitar, respecto a dónde y cómo se sitúa ese libro en relación con toda su obra, con la obra de sus contemporáneos y con la de sus predecesores. Si el escritor es mínimamente honesto, este debate puede ser tanto más interesante y fructífero, para él mismo y para los demás, cuanto que nadie conoce mejor que él su propia obra; si el escritor es mínimamente serio, mínimamente ambicioso, este debate ya no será sólo un debate sobre su propia literatura sino sobre la literatura con la que él dialoga de forma más o menos consciente y que, en su caso, no puede ser sólo la literatura de su propia tradición, ni la de sus contemporáneos, sino la literatura a secas.

Del diálogo que he mantenido en público conmigo mismo durante los últimos años surge la mayor parte de lo que se dice en este libro. En él se razona sobre asuntos dispares, pero siempre relacionados con la naturaleza de la novela, en particular la novela del siglo XXI, así como con el papel del novelista; tarde o temprano, sin embargo, todos esos asuntos acaban confluyendo en una idea central; esa idea entraña una teoría de la novela (y en cierto modo también del novelista): la teoría del punto ciego. El origen de la expresión remite a la anatomía del ojo. Según conjeturó el físico Edme Mariotte en el siglo XVII y más tarde pudo demostrarse de manera empírica, nuestros ojos tienen un punto ciego, un lugar —escurridizo, lateral y no fácilmente localizable— situado en el disco óptico, que carece de detectores de luz y a través del cual, por lo tanto, no se ve nada; si no notamos la existencia de este minúsculo déficit visual, de esa zona de oscuridad, es por dos razones: en primer lugar, porque vemos con dos ojos, y los puntos ciegos de ambos no coinciden, de manera que un ojo ve lo que no ve el otro, y viceversa; y, en segundo lugar, porque el sistema visual rellena el vacío del punto ciego con la información disponible: porque el cerebro suple lo que el ojo no ve. Las novelas del punto ciego operan de una forma distinta, aunque en el fondo quizá no tanto. Se trata de una moderna tradición de novelas, que abarca desde las más antiguas hasta las más recientes, desde las más soberbias —el *Quijote*, *Moby Dick* o *El proceso*— hasta las más humildes: las que yo he escrito, por no ir muy lejos. En el centro de estas novelas hay siempre un punto ciego, un punto a través del cual no es posible ver nada. Ahora bien —y de ahí su paradoja constitutiva—, es precisamente a través de ese punto ciego a través del cual, en la práctica, estas novelas ven; es precisamente a través de esa oscuridad a través de la cual iluminan estas novelas; es precisamente a través de ese silencio a través del cual estas novelas se tornan elocuentes.

Podríamos decirlo de otra manera. En cierto modo el mecanismo que rige las novelas del punto ciego es muy similar, si no idéntico: al principio de todas ellas, o en su corazón, hay siempre una pregunta, y toda la novela consiste en una búsqueda de respuesta a esa pregunta central; al terminar esa búsqueda, sin embargo, la respuesta es que no hay respuesta, es decir, la respuesta es la propia búsqueda de una respuesta, la propia pregunta, el propio libro. En otras palabras: al final no hay una respuesta clara, unívoca, taxativa; sólo una respuesta ambigua, equívoca, contradictoria, esencialmente irónica, que ni siquiera parece una respuesta y que sólo el lector puede dar. Por eso decía que el punto ciego del ojo y el punto ciego de estas novelas no funcionan a fin de cuentas de manera tan disímil: igual que el cerebro rellena el punto ciego del ojo, permitiéndole ver donde de hecho no ve, el lector rellena el punto ciego de la novela, permitiéndole conocer lo que de hecho no conoce, llegar hasta donde, por sí sola, nunca llegaría la novela.

Esas respuestas de las novelas del punto ciego —esas respuestas sin respuesta o sin respuesta clara— son para mí las únicas respuestas verdaderamente literarias, o por lo menos las únicas que las buenas novelas ofrecen. La novela no es el género de las respuestas, sino el de las preguntas: escribir una novela consiste en plantearse una pregunta compleja para formularla de la manera más compleja posible, no para contestarla, o no para contestarla de manera clara e inequívoca; consiste en sumergirse en un enigma para volverlo irresoluble, no para descifrarlo (a menos que volverlo irresoluble sea, precisamente, la única manera de descifrarlo). Ese enigma es el punto ciego, y lo mejor que tienen que decir estas novelas lo dicen a través de él: a través de ese silencio pletórico de sentido, de esa ceguera visionaria, de esa oscuridad radiante, de esa ambigüedad sin solución. Ese punto ciego es lo que somos.

PRIMERA PARTE

LA TERCERA VERDAD

1

A mediados del siglo pasado, Alain Robbe-Grillet insistió en que, a pesar de los esfuerzos de los grandes novelistas del modernismo durante la primera mitad del siglo XX, la novela seguía en el siglo XIX; más de cincuenta años después quizá pueda decirse, casi con la misma razón, que, a pesar de los esfuerzos de algunos novelistas del modernismo y del posmodernismo durante todo el siglo XX y la primera década y media del XXI, la novela sigue más o menos donde estaba. Como mínimo para el lector común y corriente, que es el que de veras cuenta. El siglo XIX es considerado con justicia el siglo de la novela porque acuñó un modelo de novela tan potente que sigue siendo el modelo dominante hoy; no creo que exista ninguna diferencia esencial entre la idea de novela de un lector común y corriente a finales del siglo XIX y a principios del siglo XXI: para ambos, una novela sería «una ficción en prosa de una cierta extensión», por usar las palabras de E. M. Forster, en la que se narra la historia de unos personajes a través de los cuales se propone, por usar las palabras del propio Robbe-Grillet, «el estudio de una pasión, o de un conflicto de pasiones, o de una ausencia de pasión, en un determinado medio». Todo lo que se aparta de ese modelo suele producir incomodidad o desasosiego en el lector común, o simplemente rechazo; todo lo que se aparta de ese modelo no suele considerarse una novela. Ahora bien, ¿es ese modelo el único modelo posible? ¿Es esa definición la única posible definición de novela? ¿Qué es exactamente una novela?

2

En el año 2009 publiqué un libro, titulado *Anatomía de un instante*, que en su momento la mayoría de los lectores españoles no consideró una novela; yo mismo, aunque sabía o sentía que era una novela, prohibí de entrada a mi editor que lo presentara como tal. ¿Por qué?

Anatomía explora un momento decisivo en la historia reciente de España. Ocurrió la última vez que los españoles practicamos nuestro deporte nacional, que no es el fútbol, como suele pensarse, sino la guerra civil o, en su defecto, el golpe de Estado; como mínimo hasta hace poco tiempo: al fin y al cabo, hasta hace poco tiempo todos los experimentos democráticos terminaron en España con golpes de Estado, de tal manera que en los dos siglos anteriores se produjeron más de cincuenta. El último tuvo lugar durante la tarde del 23 de febrero de 1981, seis años después de la muerte del general Franco, cuando un grupo de guardias civiles entró disparando en el abarrotado Parlamento español con la intención de terminar con la democracia, instaurada apenas cuatro años atrás, y sólo tres de los parlamentarios se negaron a obedecer sus órdenes y tirarse bajo los escaños: uno de los tres era Adolfo Suárez, antiguo secretario general del partido único franquista, primer presidente del gobierno democrático y arquitecto principal de la transición de la dictadura a la democracia; otro era Manuel Gutiérrez Mellado, vicepresidente del gobierno y antiguo general franquista reconvertido en líder del ejército democrático; el último era Santiago Carrillo, secretario general del partido comunista, líder del antifranquismo durante la dictadura y, junto con Suárez, coarquitecto de la transición. Siempre he pensado que las preguntas más fértiles son las que se hacen los niños (¿por qué las manzanas caen hacia abajo y no hacia arriba?, digamos: una pregunta de la que, por cierto, Newton sacó bastante provecho), así que mi libro se hace una pregunta elemental, casi infantil: ¿por qué precisamente ellos tres?; ¿por qué quienes aquella tarde se jugaron la vida por la democracia fueron precisamente esos tres hombres que la habían despreciado durante casi toda su vida?; ¿significa algo especial ese instante?; ¿qué sentido encierra ese triple gesto, si es que encierra alguno?; y sobre todo: casi intuimos de inmediato el porqué del gesto de Gutiérrez Mellado, un viejo general que había hecho la guerra con Franco y llevaba la disciplina en las venas, y el porqué del gesto de Santiago Carrillo, un viejo comunista que había hecho la guerra contra Franco y llevaba el antifranquismo en las venas, pero ¿por qué el gesto de Suárez –alguien por quien, dicho sea entre paréntesis, antes de escribir el libro yo no sentía la menor simpatía–, qué significado encierra el gesto de ese hombre, qué significa la imagen grabada por televisión de Suárez sentado en su escaño azul de primer ministro, solo e inmóvil en el hemiciclo bruscamente desierto mientras silban a su alrededor las balas de los golpistas? Tratar de contestar a esas preguntas o de agotar el significado de ese instante obliga a indagar en las biografías de los tres protagonistas y en los azares inverosímiles que las unen y las separan así como a describir la extraña figura de la historia que componen, obliga a explicar el golpe de Estado del 23 de febrero, obliga a contar la historia del triunfo de la democracia en España en los años setenta y ochenta del siglo pasado. La forma en que el libro lo hace es peculiar. *Anatomía* parece un libro de historia; también parece un ensayo; también parece una crónica, o un reportaje periodístico; a ratos parece un torbellino de biografías paralelas y contrapuestas girando en una encrucijada de la historia; a ratos incluso parece una novela, tal vez una novela histórica. Es absurdo negar que *Anatomía* es todas esas cosas, o que al menos participa de ellas. Ahora bien: ¿puede un libro así ser fundamentalmente una novela? De nuevo: ¿qué es una novela?

3

La novela moderna es un género único porque diríase que, al menos en germen, todas sus posibilidades están contenidas en un único libro: Cervantes funda el género en el *Quijote* y al mismo tiempo lo agota –aunque sea volviéndolo inagotable–; dicho con otras palabras: en el *Quijote* Cervantes define las reglas de la novela moderna acotando el territorio en el que a partir de entonces nos hemos movido los demás novelistas, y que quizá todavía no hemos terminado de colonizar. ¿Y qué es ese género único? ¿O qué es al menos para su creador?

Para Cervantes la novela es un género de géneros; también, o antes, es un género degenerado. Es un género degenerado porque es un género bastardo, un género *sine nobilitate*, un género snob; los géneros nobles eran, para Cervantes como para los hombres del Renacimiento, los géneros clásicos, aristotélicos: la lírica, el teatro, la épica. Por eso, porque pertenecía a un género innoble, el *Quijote* apenas fue apreciado por sus contemporáneos, o fue apreciado meramente como un libro de entretenimiento, como un best seller sin seriedad. Por eso no hay que engañarse: como decía José María Valverde, Cervantes nunca hubiese ganado el premio Cervantes. Y por eso también Cervantes se preocupa en el *Quijote* de dotar de abolengo a su libro y lo define como «épica en prosa», tratando de injertarlo así en la tradición de un género clásico, y de asimilarlo a ella. Dicho esto, lo más curioso es que es precisamente esta tara de nacimiento la que termina constituyendo el centro neurálgico y la principal virtud del género: su carácter libérrimo, híbrido, casi infinitamente maleable, el hecho de que es, según decía, un género de géneros donde caben todos los géneros, y que se alimenta de todos. Es evidente que sólo un género degenerado podía convertirse en un género así, porque es evidente que sólo un género plebeyo, un género que no tenía la obligación de proteger su pureza o su virtud aristocráticas, podía cruzarse con todos los demás géneros, apropiándose de ellos y convirtiéndose de ese modo en un género mestizo. Eso es exactamente lo que es el *Quijote*: un gran cajón de sastre donde, unidas por el hilo tenuísimo de las aventuras de don Quijote y Sancho Panza, se reúnen en una amalgama inédita, como en una enciclopedia que hace acopio de las posibilidades narrativas y retóricas conocidas por su autor, todos los géneros literarios de su época, de la poesía a la prosa, del discurso judicial al histórico o el político, de la novela pastoril a la sentimental, la picaresca o la bizantina. Y, como eso es exactamente lo que es el *Quijote*, eso es exactamente también lo que es la novela, o por lo menos una línea fundamental de la novela, la que va desde Lawrence Sterne hasta James Joyce, desde Henry Fielding o Denis Diderot hasta Georges Perec o Italo Calvino.

Más aún: quizá cabría contar la historia de la novela como la historia del modo en que la novela intenta apropiarse de otros géneros, igual que si nunca estuviese satisfecha de sí misma, de su condición plebeya y de sus propios límites, y aspirara siempre, gracias a su esencial versatilidad, a ser otra, pugnando por ampliar constantemente las fronteras del género. Esto es ya visible en el siglo XVIII, cuando ciertos ingleses, y también algunos franceses, nos arrebatan a los españoles la novela, aprendiendo mucho antes y mucho mejor que nosotros la lección de Cervantes gracias a escritores como Sterne o Fielding o Diderot, pero se hace evidente sobre todo a partir del siglo XIX, que es el siglo por antonomasia de la novela porque es cuando, al tiempo que construye un modelo de enorme solidez, la novela pelea a brazo partido por dejar de ser un mero entretenimiento y por conquistar un lugar entre los demás géneros nobles. Balzac aspiraba a equiparar la novela a la historia, y por eso en *Pequeñas miserias de la vida conyugal* afirma que «la novela es la historia privada de las naciones». Años después, en la segunda mitad del siglo, Flaubert, a la vez principal seguidor y principal corrector de Balzac, no se conformaba con eso y, según consta una y otra vez el lector de su correspondencia, se obsesiona con la ambición de elevar la prosa a la categoría estética del verso, con el sueño de conquistar para la novela el rigor y la complejidad formal de la poesía. Muchos de los grandes renovadores de la narrativa de la primera mitad del siglo XX adoptan a Flaubert como modelo y, cada uno a su modo —Joyce regresando a la multiplicidad estilística, narrativa y discursiva de Cervantes, Kafka regresando a la fábula para construir pesadillas, Proust exprimiendo hasta el límite la novela psicológica—, prolongan el designio de Flaubert, pero algunos, sobre todo algunos escritores en alemán —pienso en Thomas Mann, en Hermann Broch, en Robert Musil—, pugnan por dotar a la novela del espesor reflexivo del ensayo, convirtiendo las ideas filosóficas, políticas e históricas en elementos tan relevantes en la novela como los personajes o la trama. Tampoco el periodismo, uno de los grandes géneros narrativos de la modernidad, se ha resistido al apetito omnívoro de la novela. El Nuevo Periodismo de los años sesenta pretendía, como afirmaba Tom Wolfe, que el periodismo se leyera igual que la novela, entre otras razones porque usaba las estrategias literarias de la novela, pero lo cierto es que por entonces no fue sólo el periodismo el que empezó a canibalizar la novela, sino también la novela la que canibalizó el periodismo, echando mano de todos los recursos narrativos de éste y convirtiendo la materia periodística en materia de novela, como ocurre en *A sangre fría*, de Truman Capote.

Épica, historia, poesía, ensayo, periodismo: esos son algunos de los géneros literarios que la novela ha fagocitado a lo largo de su historia; esos son también algunos de los géneros de los que, a su modo, participa *Anatomía de un instante*, un libro que, vistas así las cosas, quizá sería obligado considerar una novela, aunque sólo sea porque, desde Cervantes, a este tipo de libros mestizos solemos llamarlos novelas. ¿Por qué, entonces, la mayoría de los lectores no lo consideró en su momento una novela? ¿Por qué yo mismo me negué de entrada a presentarlo como tal?

4

Milan Kundera ha propuesto dividir la historia de la novela moderna en dos tiempos. El primero, que abarcaría desde Cervantes hasta finales del siglo XVIII, se caracteriza sobre todo por la libertad compositiva, por la alternancia de narración y digresión (o, si se prefiere, de narración y reflexión) y por la mezcla de géneros; el segundo, que empezaría con la eclosión de la novela realista a principios del siglo XIX, se define por oposición al anterior: aunque se beneficia de la libertad absoluta de que Cervantes dotó al género, la rechaza en aras del rigor constructivo, igual que rechaza la digresión en aras de la narración; aunque se beneficia de la naturaleza plebeya, híbrida o mestiza de que Cervantes dotó a la novela, la rechaza en aras de la pureza, del estatus, de la nobleza largamente ansiada por el género. El primer tiempo es heredero directo y consciente de Cervantes; el segundo, sólo indirecto, y a veces inconsciente: de hecho, desprecia o ignora parte sustancial de su legado. Si la relación entre el primer tiempo y el segundo es, más que de oposición, de lucha, la victoria del segundo tiempo ha sido absoluta; por eso todavía a principios del siglo XXI podemos decir que el modelo novelesco del siglo XIX es el dominante en la novela: porque, como escribe Kundera, «el segundo tiempo no sólo ha eclipsado al primero, lo ha *reprimido*». La consecuencia de esta derrota es que el lector común y corriente ha olvidado los rasgos propios de la novela del primer tiempo, o simplemente no los tolera o le incomodan; de ahí, quizá, que a menudo le cueste trabajo aceptar como novela un libro como *Anatomía de un instante*.

Un libro que, al menos desde este punto de vista, no es un caso aislado o excepcional (un libro sin género, como se ha dicho); todo lo contrario. El mismo Kundera recuerda con razón que algunos novelistas del modernismo trataron de recuperar las virtudes proscritas de la novela anterior al siglo XIX y se pregunta sin responder si cabría hablar de un tercer tiempo de la novela. Respondo yo; mi respuesta es que probablemente sí: si el primer tiempo propuso la tesis del género y el segundo la antítesis, el tercer tiempo propondría una síntesis, una síntesis que no pretende, por usar de nuevo palabras del escritor checo, rehabilitar sin más los principios de la novela del primer tiempo ni rechazar los de la novela del segundo, sino redefinir y ampliar la noción misma de novela, oponerse a la reducción llevada a cabo por la estética novelesca del siglo XIX y dar así por base, a la novela resultante, toda la experiencia histórica de la novela. Las mejores novelas del propio Kundera —con su delicado equilibrio entre máxima libertad y máximo rigor compositivos, con su mezcla orgánica de narración y digresión o de narración y ensayo— son un buen ejemplo de ese tercer tiempo de la novela; también las mejores de Perec o Calvino. Me pregunto incluso si ese tercer tiempo no es, hasta cierto punto (o no debería ser), otro nombre de eso que se ha convenido en llamar narrativa posmoderna, o de una parte de ella: al fin y al cabo, la narrativa posmoderna más solvente suele reclamar a Cervantes como su maestro y al *Quijote* (o a la segunda parte del *Quijote*) como su libro seminal y su origen remoto; al fin y al cabo, la hibridación de géneros es uno de los rasgos esenciales de la posmodernidad; también de la narrativa del escritor a quien muchos sitúan en su origen inmediato: Jorge Luis Borges.

No les falta razón. Borges tardó casi cuarenta años en encontrarse a sí mismo como narrador y, cuando lo hizo, fue con un relato titulado «El acercamiento a Almotásim», que se publicó en un libro de ensayos, *Historia de la eternidad*, y que adoptaba la forma de un ensayo, la reseña de un libro ficticio titulado *The Approach to Al-Mu'tasim*. Esta libérrima y rigurosa mezcla de ficción y realidad, de narración y ensayo, es lo que le abre a Borges las puertas de sus grandes libros: para empezar, las de sus grandes libros narrativos, donde muchos de sus mejores relatos —«Pierre Menard, autor del *Quijote*» o «Tlön, Uqbar, Orbis Tertius», por ejemplo— tienen forma de ensayo; pero también le abre las puertas de sus grandes libros de ensayos, que se benefician de la imaginación, la erudición y la astucia narrativa de sus relatos. Así, en Borges el relato y el ensayo se confunden y se fecundan (como de otro modo lo hacían, más o menos por las mismas fechas, en Broch o en Musil); igualmente se fecundan y confunden en determinados autores contemporáneos: he mencionado a Perec, a Calvino y a Kundera; añado a W. G. Sebald, al Julian Barnes de *El loro de Flaubert* y, sobre todo, a J. M. Coetzee, que en los últimos años ha rastreado con gran audacia en los confines del territorio descubierto por el *Quijote*: ¿acaso no son novelas esas series de ensayos hilvanadas por una leve trama narrativa y tituladas *Elizabeth Costello* o *Diario de un mal año*? ¿Tampoco lo son los fragmentos autobiográficos titulados *Infancia, Juventud* o *Verano*? Desde luego que lo son, por más extrañeza que les causen a algunos lectores. En todo caso, a esa tarea de expansión y redefinición del género, recuperando algunas virtudes de la novela del primer tiempo sin perder las del segundo —recuperando la libertad constructiva sin perder el rigor, recuperando la naturaleza impura, mestiza y bastarda de la novela sin perder exigencia formal y ambición intelectual— quiere sumarse a su modo *Anatomía de un instante,* y ésa es otra de las razones por las que el libro debería ser considerado una novela, o por las que al menos admite o demanda una lectura novelesca.

5

He mencionado «El acercamiento a Almotásim» y se me ocurre que algún día debería meditarse seriamente sobre un hecho llamativo.

Si la posmodernidad arranca con Borges –cosa que me parece probable– y si la gran narrativa de Borges arranca con «El acercamiento a Almotásim» –cosa que me parece indiscutible–, entonces no hay duda de que la posmodernidad arranca con un engaño. Como mínimo desde Gorgias, citado por Plutarco, sabemos que la literatura es un engaño o más bien una forma peculiar de engaño, en la que «quien engaña es más honesto que quien no engaña, y quien se deja engañar más sabio que quien no se deja engañar»; la literatura es, dicho de otra manera, un engaño consentido: no otra cosa viene a ser la justamente célebre «voluntaria suspensión de la incredulidad» de Coleridge. Pero, en el caso de «El acercamiento a Almotásim», el engaño no fue consentido: allí, una reseña de un libro ficticio se presentaba como una reseña de un libro real; *mutatis mutandis*, es lo que ocurre también en «Pierre Menard, autor del *Quijote*», escrito poco después que «El acercamiento a Almotásim»: allí, un ensayo sobre un autor ficticio, responsable de un *Quijote* ficticio, se presentaba como un ensayo sobre un autor real. En ambos casos el engaño funcionó: hubo lectores que buscaron *The Approach to Al-Mu'tasim*, la novela ficticia del ficticio abogado Mir Bahadur Alí, y también lectores que indagaron sobre Pierre Menard y su ínfimo, literal e inexistente *Quijote*. Con una ventaja para «El acercamiento a Almotásim»: mientras que «Pierre Menard, autor del *Quijote*» se publicó en un libro de relatos, *Ficciones*, lo que daba una pista importante de que el relato era una ficción, «El acercamiento a Almotásim» se publicó, como he recordado antes, en un libro de ensayos, *Historia de la eternidad*, lo que borraba las pistas y facilitaba el engaño. El caso es que en 1941, cinco años después de haber publicado «El acercamiento a Almotásim», Borges incluyó este texto en *El jardín de senderos que se bifurcan*, primera parte de *Ficciones*, y que hasta 1974, cuando publicó una edición de sus *Obras completas* en un solo volumen, «El acercamiento a Almotásim» apareció indistintamente en *Historia de la eternidad* y en *Ficciones*, mientras que a partir de aquel momento sólo apareció, al menos con la autorización de Borges, en *Historia de la eternidad*.

He dicho también, sin temor a incurrir en el cliché, que en el *Quijote* arranca la novela moderna; como todos los clichés, éste tiene su parte de verdad, que es grande y ya he explicado, y su parte de mentira, que es pequeña y paso a explicar. En rigor, la novela moderna no nace con el *Quijote* sino con un librito delicioso, inteligentísimo y divertidísimo, publicado cincuenta años antes del *Quijote* y mal conocido fuera de la tradición del español: el *Lazarillo de Tormes*. La novela, que cuenta la historia de un chico humilde que acaba como pregonero de Toledo, no es de autor anónimo, como suele decirse, sino apócrifo: el mismo protagonista del libro. En efecto, «el *Lazarillo* –escribe Francisco Rico, que es quien nos ha enseñado a leerlo– se publicó como si fuera de veras la carta de un pregonero de Toledo (por entonces estaba de moda dar a la imprenta la correspondencia privada) y sin ninguna de las señas que en el Renacimiento caracterizaban los productos literarios»; es decir, no era «un relato que inmediatamente pudiera reconocerse como ficticio, sino una falsificación, la simulación engañosa de un texto real, de la carta verdadera de un Lázaro de Tormes de carne y hueso». De esa sostenida simulación de realidad nace la novela realista, la novela moderna. Es cierto que, sobre todo al final del libro, el narrador entrega pistas suficientes al lector avisado para que éste pueda adivinar que aquello no es un relato verídico sino una ficción, pero eso no significa que no engañara a muchos lectores, y en todo caso no cambia lo esencial: el *Lazarillo* es un fraude, exactamente igual que «El acercamiento a Almotásim» o que, quizá en menor medida, «Pierre Menard, autor del *Quijote*». Por supuesto, hay diferencias entre ambos fraudes: el *Lazarillo* finge que una historia ficticia es una historia real; los dos relatos de Borges, en cambio, fingen que dos textos ficticios son dos textos reales. Me pregunto si no habrá ahí, en el arranque de la modernidad y la posmodernidad narrativas, un indicio de una diferencia relevante entre ambas: como el *Lazarillo*, la modernidad se ocupa ante todo de la realidad, mientras que la posmodernidad, como los dos cuentos seminales de Borges, se ocupa ante todo de los textos; más precisamente: se ocupa de la realidad a través de los textos; más precisamente todavía: se ocupa de la realidad a través de la representación de la realidad. Lo cual vendría a confirmar de nuevo, dicho sea de paso, que el *Quijote* contiene *in nuce* todas las posibilidades del género: no en vano la primera parte de la novela se ocupa sobre todo de la relación de don Quijote y Sancho con la realidad, mientras que la segunda parte se ocupa sobre todo de la relación de don Quijote y Sancho con los textos que los representan: la primera parte del *Quijote* y la falsa continuación del *Quijote* publicada por Alonso Fernández de Avellaneda. La primera parte del *Quijote* es moderna; la segunda, posmoderna.[2]

2. Una de las mayores paradojas de la literatura universal estriba en el hecho de que debamos el prodigio de la segunda parte del *Quijote* (publicada en 1615; la primera es de 1605) a un libro tan mediocre como el *Quijote* de Avellaneda. Fuera quien fuera su verdadero autor —Avellaneda es un seudónimo—, no fue él desde luego quien impulsó a Cervantes a escribir la continuación de su obra, que sin duda estaba avanzada cuando en 1614 se publicó ese *Quijote* apócrifo; pero sí fue él quien propició que ella sea como es, y también que pueda y acaso deba leerse al modo de una larga y elaborada respuesta a Avellaneda, desde el mismísimo prólogo,

De todo esto me interesa sobre todo una cuestión: con cuatro siglos de diferencia, la narrativa moderna y la posmoderna nacen de sendos fraudes. Sendos fraudes paradójicos, por lo demás. La razón es que no trataban de hacer pasar por literatura lo que no era literatura, sino de hacer pasar por no literatura lo que era literatura. Lo cual nos enfrenta a un hecho fundamental: al romper con la normativa literaria de su época, toda literatura auténtica se presenta o es considerada como no literatura, y su nueva forma como una ausencia

---

donde Cervantes contesta sin amargura a los insultos que su némesis le infligió en el prólogo de su engendro, hasta el final. Inventor de la ironía moderna —de la ironía como instrumento de conocimiento y como desenmascarador de la naturaleza poliédrica de lo humano—, maestro absoluto de ella, Cervantes la usa a destajo contra Avellaneda, enredándolo, por decirlo como Stephen Gilman, en «una red de ironías» que contribuirá de manera decisiva a dotar a la segunda parte del libro de una profundidad inigualada y que hallará su culminación genial en el capítulo LXXII, cuando don Álvaro de Tarfe, un personaje de Avellaneda, irrumpe en la novela de Cervantes para certificar que don Quijote y Sancho son los verdaderos don Quijote y Sancho, y no los que aparecen en el libro de Avellaneda. Gracias a éste, por tanto —y gracias al éxito de la primera parte del *Quijote*, que permite que en la segunda don Quijote cumpla su sueño de ser el famoso protagonista de un libro famoso y que tantos personajes conozcan a los dos protagonistas y sepan cómo tratarlos—, los personajes adquieren un espesor psicológico y una autonomía virtualmente humanos. El hecho es insólito, sobre todo en la prosa narrativa anterior al *Quijote*. No sabemos imaginarnos a Amadís de Gaula, el ídolo y modelo de don Quijote, emancipado de las páginas que lo engendraron (como no sabemos imaginarnos así a ninguno de los protagonistas de los libros de caballerías, cuyas personalidades son «tan complejas como las de sus cabalgaduras», según escribió Mario Vargas Llosa); don Quijote y Sancho, en cambio, poseen vida propia, más que personajes de novela son amigos nuestros y por eso, aquí o en Laponia, es imposible ver a un hombre alto y delgado junto a un hombre bajo y rechoncho sin que los héroes de Cervantes acudan a nuestra mente. La primera parte del *Quijote* fue un libro tan imprevisto como extraordinario, pero la segunda parte fue (y sigue siendo) un libro que linda con el milagro; suponiendo que ambas partes fueran separables, sin la primera el *Quijote* quizá seguiría siendo lo que es, pero sin la segunda no.

de forma. Para los contemporáneos de Shakespeare, lo que él escribía ni siquiera era literatura (de ahí que sus obras no se editaran con seriedad en vida, privilegio reservado a los autores serios), y algunos de los primeros y más distinguidos lectores de Garcilaso de la Vega, el poeta que en el siglo XVI revolucionó para siempre la poesía española incorporándole la música de la italiana, opinaban que sus sonetos no eran poesía sino prosa. Siempre o casi siempre ha sido así: la mejor literatura no es la que suena a literatura, sino la que no suena a literatura; es decir: la que suena a verdad. Toda literatura genuina es antiliteratura.

6

Vuelvo a *Anatomía de un instante* y a las razones que invitan o autorizan a considerarla una novela, aunque a muchos lectores no se lo parezca, y advierto que no he mencionado la más elemental. La más elemental es que yo soy ante todo un novelista, y que, aunque también he practicado el ensayo y la crónica, en este libro no he operado como un cronista o como un ensayista, sino como un novelista; es decir, como un escritor embebido en las técnicas de la novela y dispuesto a echar mano de ellas: la estructura del libro —dividido en un prólogo, un epílogo y cinco partes, cada una de las cuales arranca con la descripción casi clínica de un fragmento de la grabación televisiva del golpe de Estado— es novelesca; muchos de los procedimientos técnicos —desde el empleo del discurso indirecto libre hasta la organización del texto a través de repeticiones y variaciones de determinadas frases o ideas, como en una composición musical— también son novelescos; elementos esenciales de la narración, como la ironía o el multiperspectivismo, son consustanciales al género, igual que lo son la visión ambigua y poliédrica de la realidad que a través de ellos se ofrece; mi preocupación capital mientras escribía el libro, en fin, fue la forma, y un escritor en general —y un novelista en particular— es ante todo alguien concernido por la forma, alguien que siente que en literatura la forma es el fondo y que piensa por ello que sólo a través de la forma —a través de la reescritura y reelaboración virtualmente inacabables de las frases y la estructura de un libro— es posible acceder a una verdad que de otro modo resultaría inaccesible.

Y hay más. Sin duda los géneros literarios se distinguen por sus rasgos formales, pero tal vez también por el tipo de preguntas que plantean y por el tipo de respuestas que dan. Así, las preguntas centrales que, ante el golpe de Estado del 23 de febrero, formularían un libro de historia, o un ensayo, podrían ser por ejemplo estas: ¿qué ocurrió el 23 de febrero en España?; o ¿quién fue en realidad Adolfo Suárez? En cambio, es muy improbable que un libro de historia o un ensayo formulase la pregunta central que formula *Anatomía de un instante*: ¿por qué permaneció Adolfo Suárez sentado en su asiento el 23 de febrero mientras las balas de los golpistas zumbaban a su alrededor en el hemiciclo del Congreso de los Diputados? Para intentar responder a esta última pregunta son desde luego indispensables los instrumentos del historiador, del periodista, del ensayista, del biógrafo, del psicólogo, pero la pregunta es una pregunta moral; una pregunta muy parecida a la que se plantea, por ejemplo, *Soldados de Salamina*: ¿por qué durante la guerra civil española un soldado republicano salvó la vida de Rafael Sánchez Mazas —poeta e ideólogo fascista y futuro ministro de Franco— cuando todas las circunstancias conspiraban para que lo matase o al menos lo hiciese prisionero? Dado que son preguntas morales, tanto la pregunta central de *Soldados* como la de *Anatomía* son preguntas esencialmente novelescas, y resultan impertinentes o carecen de sentido como preguntas centrales en un libro de historia o un ensayo. Pero además, según decía, un género literario no sólo se distingue por las preguntas que formula sino también por las respuestas que da a esas preguntas. Pues bien, al final de *Soldados de Salamina*, después de la larga indagación en que consiste el libro, no sabemos por qué exactamente el soldado republicano le salvó la vida al ideólogo fascista, ni siquiera estamos del todo seguros de quién era ese soldado: la respuesta a la pregunta es que no hay respuesta; es decir, la respuesta es la propia búsqueda de una respuesta, la propia pregunta, el propio libro. Lo mismo ocurre en *Anatomía de un instante*: después de la larga pesquisa del libro, no sabemos por qué exactamente Adolfo Suárez permaneció inmóvil en su asiento mientras las balas zumbaban a su alrededor en el hemiciclo del Congreso; durante esa pesquisa el libro responde desde luego, o intenta responder, a las preguntas que se hubieran hecho el historiador o el ensayista —por ejemplo: el 23 de febrero fue el principio de la democracia en España, el final del franquismo, de la guerra civil y de casi dos siglos de guerras civiles y golpes de Estado; por ejemplo: Adolfo Suárez fue un colaboracionista del franquismo y un trepador social y político convertido finalmente en héroe de la democracia—; pero la pregunta novelesca, la pregunta central, queda sin respuesta o, de nuevo, la respuesta es la propia búsqueda de una respuesta, la propia pregunta, el propio libro. En suma: si es posible definir la novela como un género que persigue proteger a las preguntas de las respuestas, esto es, como un género que rehúye las respuestas claras, taxativas e inequívocas y que sólo admite formularse preguntas que no pueden ser contestadas o preguntas que exigen respuestas ambiguas, complejas y plurales, esencialmente irónicas, entonces, si es posible definir así la novela —y yo creo que es posible hacerlo—, no hay duda de que *Anatomía de un instante* es una novela.

7

Admitamos entonces que, tal vez, *Anatomía de un instante* es una novela. No hay duda, sin embargo, de que lo que cuenta no es una ficción; tampoco de que tradicionalmente una novela ha sido casi por antonomasia una ficción. ¿Significa esto que después de todo mi libro no es una novela? ¿Están obligadas todas las novelas a ser ficciones? ¿Por qué no es una ficción *Anatomía de un instante*?

En marzo de 2008 yo llevaba más de dos años ocupado en una novela donde mezclaba ficción y realidad para narrar el golpe de Estado del 23 de febrero de 1981 y el triunfo de la democracia en España a partir del mismo instante decisivo en torno al cual gira *Anatomía de un instante*. De hecho, por entonces acababa de terminar un segundo borrador de la novela, pero no estaba satisfecho de él: algo esencial fallaba y no sabía qué era; simplemente, lo que había escrito no sonaba a verdad: apenas sonaba a literatura (y ya digo que lo que suena a literatura no es literatura, o por lo menos no es buena literatura). En cualquier caso, tras tantos meses de trabajo a tiempo completo sólo vi abrirse ante mí dos opciones: una era el suicidio; la otra era marcharme de vacaciones con mi familia. Como ya han adivinado, opté por marcharme de vacaciones con mi familia. Fue entonces cuando el Reino Unido acudió a rescatarme. Porque fue entonces cuando leí en un artículo de Umberto Eco que, según una encuesta publicada en Gran Bretaña, la cuarta parte de los británicos pensaba que Winston Churchill era un personaje de ficción. Y fue entonces cuando creí comprenderlo todo.

Lo que creí comprender fue que el golpe del 23 de febrero era en España una ficción, una gran ficción colectiva construida durante los últimos treinta años a base de especulaciones noveleras, recuerdos inventados, leyendas, medias verdades y simples mentiras. La explicación de este delirio es compleja: guarda relación con hechos en apariencia anecdóticos, como que el golpe fuera grabado por televisión, y con hechos no tan anecdóticos, como que el 23 de febrero sea el punto exacto donde convergen todos los demonios de nuestra historia reciente, plagada de guerras civiles y golpes de Estado; guarda relación sobre todo con un hecho simple: el golpe del 23 de febrero fue un golpe sin documentos o sin eso que gran parte de la historiografía suele llamar documentos. Esto último significa que los historiadores han dejado el trabajo de contar el golpe a tres colectivos: en primer lugar, los propios golpistas, quienes, para eludir sus propias responsabilidades, contaron infatigablemente mentiras durante el año en que permanecieron a la espera del juicio y durante los tres meses que éste duró, y que infatigablemente las han seguido contando hasta hoy; en segundo lugar, periodistas con muchas prisas y pocos escrúpulos, que han reproducido y siguen reproduciendo las mentiras de los golpistas y añadiendo otras de su propia cosecha, siempre o casi siempre mezcladas con verdades (las mejores mentiras no son nunca mentiras puras, sino mentiras entreveradas de verdades), hasta el punto de haber convertido el 23 de febrero en un negocio que proporciona sustanciosos rendimientos, y no sólo económicos; y, en tercer lugar, la fantasía popular, ávida de explotar un acontecimiento ideal para ser explotado por todos. El resultado de esta conjunción de factores propicios es que durante décadas han circulado por España, con alegre impunidad, las más extravagantes versiones del golpe y que, igual que no hay un solo norteamericano digno de tal nombre que no tenga una teoría sobre el asesinato de Kennedy, no hay un solo español digno de tal nombre que no tenga una teoría sobre el golpe del 23 de febrero. En una palabra: ¿qué es un español?; es un hombre que tiene una teoría sobre el golpe del 23 de febrero. Hagan la prueba, pregunten por ahí y, en el caso de que el tipo interrogado carezca de una teoría sobre el 23 de febrero, no lo duden: no es español. Si el asesinato de Kennedy representa para los Estados Unidos una gran ficción colectiva –una ficción que no por casualidad también fue registrada por una cámara, la de Abraham Zapruder, y sobre la que no por casualidad convergen asimismo todos los demonios del pasado reciente de aquel país–, eso es lo que viene a representar para los españoles el 23 de febrero: nuestro asesinato de Kennedy.

O eso fue al menos lo que creí comprender durante aquellas vacaciones familiares. Eso y también, de inmediato, que escribir una ficción sobre otra ficción era un ejercicio redundante, literariamente irrelevante; lo que podía ser relevante era realizar el ejercicio contrario: escribir un relato cosido a la realidad, desprovisto de ficción, huérfano de todas las novelerías, leyendas y disparates que a lo largo de tres décadas se habían ido adhiriendo al golpe. Y eso es lo que en definitiva intenta hacer el libro (y de ahí que su primera frase sea la frase de Eco). Partiendo del principal y casi único documento del golpe de Estado –la grabación televisiva de la entrada de los golpistas en el Parlamento, un documento tan evidente que nadie lo ha considerado un documento y que en mi opinión constituye sin embargo la guía mejor para entender aquellos hechos, además de uno de los documentos fundamentales de la historia española del siglo XX–, *Anatomía* trata de contar el golpe del 23 de febrero y el triunfo de la democracia en España de una forma verídica y exacta, como los contarían un historiador o un cronista, aunque sin renunciar por ello, insisto, a determinados instrumentos y virtudes de la novela, ni por supuesto a que el resultado sea leído como una novela.

8

He dejado una pregunta sin contestar: ¿están todas las novelas obligadas a contar ficciones? A juzgar por la benemérita definición de Forster, sí, y ese es el motivo principal por el que, cuando se publicó *Anatomía de un instante*, yo me negué a presentarla como una novela: la palabra podía inducir a confusión, a que alguien pensara que los acontecimientos que allí se narraban eran ficticios o más bien una mezcla de ficción y de realidad. Pero la definición de Forster data de 1927 y, aunque no dudo que ahora mismo la mayoría de los lectores comunes y corrientes la suscribiría, al menos desde 1966, cuando se publicó *A sangre fría,* viene hablándose de la «nonfiction novel» o incluso de la «faction», desorientadora contracción de «fiction» y «fact»: desorientadora porque la «non fiction novel» no contiene ficción, como mínimo según la concebía Capote el mismo año de publicación de su célebre novela («Una forma narrativa que empleaba todas las técnicas del arte de la ficción pero era, a pesar de ello, inmaculadamente factual»); desorientadora sobre todo porque, en el fondo, toda ficción es una mezcla de «fiction» y «fact», y la ficción pura, sin el carburante de lo real, una pura entelequia. El caso es que, desde mediados de los años sesenta, y con particular intensidad desde principios de nuestro siglo, algunos novelistas parecen empeñados en vaciar de ficción sus novelas, con acierto desigual: pienso en obras de Norman Mailer, como *La canción del verdugo,* de Tom Wolfe, como *Gaseosa de ácido eléctrico,* o de Hunter S. Thompson, como *Los ángeles del infierno*; pienso en novelas de V. S. Naipaul, como *El enigma de la llegada,* de Hans Magnus Enzensberger, como *El corto verano de la anarquía,* o de J. M. Coetzee, como las citadas *Infancia, Juventud* y *Verano*; pienso en novelas de Fernando Vallejo, como *El desbarrancadero,* de Javier Marías, como *Negra espalda del tiempo,* o de Antonio Muñoz Molina, como *Sefarad*; pienso en las penúltimas novelas de Jean Echenoz, como *Revel, Correr* y *Relámpagos,* o en las últimas de Emmanuel Carrère, a partir de *El adversario,* y de Patrick Deville a partir de *Pura vida*; pienso en *HHhH,* de Laurent Binet. Vale decir que la mayoría de estas novelas no comparten una estética común: poco tiene que ver, en efecto, el modelo de novela periodística de Mailer o Wolfe —deudores inmediatos de Capote—, con el modelo de novela biográfica de Echenoz, Carrère o Deville —quizá más próximos al Marcel Schwob de las *Vidas imaginarias,* aunque Carrère reclame enfáticamente para sí la herencia de Capote—, con el modelo de la novela autobiográfica de Coetzee, Vallejo y Marías o el de la novela histórica y ensayística de Enzensberger, Muñoz Molina y Binet; en realidad, casi lo único que comparten esas novelas es su voluntad de prescindir de la ficción.

A ellas se suma a su modo *Anatomía de un instante.* Dos rasgos principales, si no me engaño, la distinguen de sus congéneres. En primer lugar, su historicidad compulsiva, su apego encarnizado a los hechos, frente a la laxitud factual que a veces tolera o alienta el género, a las licencias (legítimas o no) que se toma con la realidad; este prurito de fidelidad a lo real excluye por supuesto el uso de la invención y la fantasía, pero no el de la imaginación ni el de las conjeturas, y en todo caso explica las notas eruditas que rematan el libro y aportan sus fuentes documentales. En segundo lugar, su voluntad de combinar la libertad constructiva y el mestizaje genérico de la novela primitiva (el primer tiempo del género, en la terminología de Kundera) con el rigor geométrico y la esforzada pureza aristocrática de la novela realista (el segundo tiempo del género), frente a la querencia por las formas de la novela realista que, siguiendo la estela fundacional de la novela de Capote, caracteriza por lo común a las novelas sin ficción. Sea como sea, el propósito de *Anatomía de un instante* es el mismo que, de forma consciente o inconsciente, alienta en las novelas que he citado, o simplemente en toda novela seria: contribuir a ampliar el radio de acción del género, colonizando nuevo territorio o terminando de colonizar el territorio descubierto por Cervantes, tratar de desvelar o desarrollar nuevas posibilidades de la novela, de renovarla o refundarla o provocar la enésima transformación de ese género omnívoro y mutante, satisfacer, en definitiva, la insensata ambición de todo novelista, que consiste en llevar a la novela hasta un lugar que, antes de él, el género no conocía, dotándolo de una forma nueva, distinta de la que el novelista recibió.

9

A estas alturas más de un lector estará preguntándose: ¿a qué viene todo esto? ¿Qué importa que las novelas sigan siendo iguales que hace siglo y medio, siempre y cuando sean buenas? ¿Por qué tanta ansia de renovación, de buscar nuevas formas, de conquistar territorio nuevo? ¿Acaso la única obligación de una novela no consiste en contar una historia lo mejor posible para hacérsela vivir con la máxima intensidad posible al lector? ¿Y hay alguien que haga eso mejor que la novela del siglo XIX o que las novelas que siguen el patrón de la novela del siglo XIX, aunque sean del XX o del XXI? ¿No habíamos quedado en que, aunque los tiempos cambien, los hombres permanecemos idénticos en lo esencial, en que el arte no avanza ni retrocede y en que Picasso no es mejor que Velázquez ni Kafka mejor que Cervantes? ¿Por qué querer cambiar algo que ya está bien como está?

Ninguna de estas preguntas es banal; todas, me parece, tienen respuesta. La respuesta es que la novela no es un entretenimiento (o no sólo es eso); es, sobre todo, una herramienta de investigación existencial, un utensilio de conocimiento de lo humano. Es verdad que, como hombre, Velázquez es sustancialmente idéntico a Picasso y Cervantes a Kafka, igual que es verdad que, como artista, Picasso no es superior a Velázquez ni Kafka a Cervantes; pero Picasso ve en la realidad cosas que Velázquez no vio y Kafka descubre en los hombres cosas que no descubrió Cervantes. El descubrimiento de Kafka no anula el de Cervantes, como el descubrimiento de Australia no anula el de América: este descubrimiento sólo completa el mapa del mundo; aquél, el del hombre. No es verdad que la única obligación de una novela sea contar una buena historia y hacérsela vivir al lector; la única obligación de una novela (o por lo menos la más importante) consiste en ampliar nuestro conocimiento de lo humano, y por eso Hermann Broch afirmaba que es inmoral aquella novela que no descubre ninguna parcela de la existencia hasta entonces desconocida. Ahora bien, sabemos que la novela es forma y que, en ella, una mala historia bien contada es una buena historia, mientras que una buena historia mal contada es una mala historia; por lo mismo, usando viejas formas la novela está condenada a decir cosas viejas, y sólo usando formas nuevas podrá decir nuevas cosas. De ahí el imperativo de innovación formal. La novela del XIX no es el modelo perfecto e insuperable de la novela, porque la forma perfecta de la novela no existe; mejor dicho: la única forma perfecta de la novela es, si acaso, la forma imperfecta pero infinitamente perfectible que concibió Cervantes. La novela necesita cambiar, adoptar un aspecto que nunca adoptó, estar donde nunca ha estado, conquistar territorio virgen, para decir lo que nadie ha dicho y nadie salvo ella puede decir. Es mentira, lo repito, que las novelas sirvan sólo para pasar el rato, para matar el tiempo; al contrario: sirven, de entrada, para hacer vivir el tiempo, para volverlo más intenso y menos trivial, pero sobre todo sirven para cambiar la forma de percepción del mundo del lector; es decir: sirven para cambiar el mundo. La novela necesita ser nueva para decir cosas nuevas; necesita cambiar para cambiarnos: para hacernos como nunca hemos sido.

10

Vuelvo por última vez a *Anatomía de un instante*. Más arriba dije que esta novela trata de contar el golpe del 23 de febrero de 1981 y el triunfo de la democracia en España de una forma veraz y precisa, como los contarían un historiador o un cronista. ¿Significa esto que, en mi opinión, la novela puede contar la historia mejor que la historia, o como mínimo igual que ella? ¿Significa que la novela puede sustituir a la historia?

De entrada mi respuesta es no. La historia y la literatura persiguen en principio objetivos distintos; podríamos decir que ambas buscan la verdad, pero sus verdades son opuestas. Como se recordará, Aristóteles sostuvo que la diferencia entre la poesía y la historia consiste en que el historiador cuenta «lo que ha sucedido», mientras que el poeta cuenta «lo que podría suceder»; es decir, que la poesía «dice más bien lo general, y la historia lo particular» (de lo cual deduce Aristóteles, por cierto, la superioridad de la poesía sobre la historia). La verdad de la historia, de este modo, sería una verdad factual, concreta, particular, una verdad que busca fijar lo ocurrido a determinados hombres en un determinado momento y lugar; por el contrario, la verdad de la literatura (o de la poesía, que es como llama a la literatura Aristóteles) sería una verdad moral, abstracta, universal, una verdad que busca fijar lo que nos pasa a todos los hombres en cualquier momento y lugar. Es cierto que *Anatomía* persigue al mismo tiempo esas dos verdades antagónicas: busca una verdad factual, que atañe sobre todo a determinados hombres de la España de los años setenta y ochenta; pero también busca una verdad moral, una verdad que atañe sobre todo a quienes, con un oxímoron, el libro denomina héroes de la traición, esos individuos que, como los tres protagonistas del libro –Suárez, Gutiérrez Mellado y Carrillo: dos antiguos franquistas y un antiguo estalinista–, poseen el coraje de traicionar un pasado totalitario para ser leales a un presente de libertad por el que, llegado el caso, en el instante decisivo, aceptan jugarse la vida. Y asimismo es cierto que, visto de esta forma, como un libro que ambiciona reconciliar las verdades irreconciliables de la historia y la literatura, *Anatomía* puede parecer, además de un libro raro, un libro contradictorio, otro oxímoron. Quizá también es eso: un libro donde, idealmente, la verdad histórica ilumina a la verdad literaria y la verdad literaria ilumina a la verdad histórica, y donde el resultado no es ni la primera verdad ni la segunda, sino una tercera verdad que participa de ambas y que de algún modo las abarca. Un libro imposible, se dirá. No digo que no. Pero me pregunto si no serán los libros imposibles los únicos que merece la pena intentar escribir, y si un escritor puede aspirar a cosechar algo mejor que un fracaso honorable; también me pregunto si yo hubiera buscado la verdad histórica del 23 de febrero si los historiadores no hubieran renunciado a hacerlo, o si no la hubiesen considerado irrelevante o inasequible, regalándome así la posibilidad de este libro peculiar. Sea como sea, una cosa es segura: yo sólo soy un novelista, no un historiador, y es posible por ello que incluso en *Anatomía*, donde he buscado con el mismo empeño dos verdades opuestas, la verdad histórica esté al servicio de la verdad literaria, y que ambas nutran aquella tercera verdad conjetural. No lo sé. Lo que sí sé es que, de ser así, ésta sería quizá la razón definitiva para considerar *Anatomía* una novela.

SEGUNDA PARTE

EL PUNTO CIEGO

Mi penúltima novela se titula *Las leyes de la frontera* y gira en torno a las vicisitudes de una ficticia banda de delincuentes juveniles surgida a finales de los años setenta en España: la banda del Zarco. Si tuviera que resumir su argumento, diría que cuenta la historia de un triángulo amoroso que se prolonga a lo largo de casi treinta años, un triángulo formado por el propio Zarco —el líder del grupo, que acabará convirtiéndose con el tiempo en un mito de la delincuencia juvenil—, por el Gafitas —un adolescente de clase media que durante el verano del 78 se une a la banda— y finalmente por Tere, el personaje que quizá encarna todos los dilemas morales del libro y guarda todos sus secretos. Así suelo yo describir la novela; pero Carlos Marzal, tal vez el mayor poeta español de mi generación, la ha descrito como un thriller existencial, un thriller que no sólo se plantea una pregunta casi policíaca e intenta resolverla (¿quién delató a la banda del Zarco?), sino que, en ese planteamiento y ese intento de resolución, involucra cuestiones de orden existencial que afectan de manera decisiva al destino de los protagonistas. La descripción de Marzal me parece exacta, sobre todo si de inmediato se añade que, además de ser un thriller existencial, *Las leyes de la frontera* es un antithriller. Porque, contra lo que suele ocurrir al final de los thrillers, al final de *Las leyes de la frontera* la respuesta a la pregunta que el libro plantea es que no hay respuesta; al final no sabemos quién delató a la banda del Zarco: no sabemos si la delató adrede Tere, que no pudo soportar las presiones de la policía y que quiso salvar así al Gafitas, o si la delataron sin querer el Gafitas o el propio Zarco, o incluso algún otro miembro o conocido de la banda. En el centro mismo de la novela hay, por lo tanto, una pregunta sin respuesta, un enigma irresuelto, un punto ciego, un minúsculo lugar a través del cual, en teoría, el lector no ve nada; lo cierto es que, en la práctica, el significado profundo de toda la novela radica precisamente allí, y que es precisamente a través de ese punto ciego a través del cual la novela ve, es precisamente a través de ese silencio a través del cual la novela es elocuente (o debería serlo), es precisamente a través de esa oscuridad a través de la cual la novela ilumina (o debería iluminar).

Ésa es la paradoja que define las novelas del punto ciego; también, todas o casi todas mis novelas. El mecanismo narrativo que las rige es en el fondo semejante. En algún momento de su desarrollo se formula una pregunta, y el resto de la novela consiste, de una forma más o menos visible o secreta, en un intento de responderla, hasta que al final la respuesta es que no hay respuesta. A veces el mecanismo no puede ser más diáfano. Lo recordé antes: al final de *Anatomía de un instante* no sabemos con exactitud por qué el 23 de febrero de 1981 Adolfo Suárez, el arquitecto de la transición de la dictadura a la democracia en España durante los años setenta, permaneció inmóvil en su asiento de presidente del gobierno, en el Congreso de los Diputados, mientras las balas de los golpistas zumbaban a su alrededor y todos o casi todos los demás parlamentarios buscaban refugio bajo sus escaños; y no lo sabemos a pesar de que todo el libro no es en cierto sentido más que un intento de averiguarlo. Igualmente –también lo recordé antes–, al final de *Soldados de Salamina* no sabemos con exactitud por qué, en las postrimerías de la guerra civil española, un soldado republicano salvó la vida de Rafael Sánchez Mazas cuando el poeta e ideólogo fascista intentaba ocultarse en el bosque tras escapar de forma milagrosa a un fusilamiento colectivo; y no lo sabemos a pesar de que a lo largo de todo el libro el periodista que lo protagoniza no hace más que intentar contestar a esa pregunta. No hay respuesta para ella, como no la hay para la pregunta de *Anatomía de un instante*: igual que en *Las leyes de la frontera*, la respuesta es la propia búsqueda de una respuesta, la propia pregunta, el propio libro. O dicho de otro modo: en ninguna de esas novelas se da una respuesta clara, taxativa e inequívoca a su interrogante central, sino sólo una respuesta ambigua, equívoca y contradictoria, esencialmente irónica; una respuesta que en realidad no es una respuesta y que sin embargo es el único tipo de respuesta que puede permitirse una novela, porque la novela es el género de las preguntas, no el de las respuestas: en rigor, la obligación de una novela no consiste en responder la pregunta que ella misma se plantea, sino en formularla con la mayor complejidad posible.

Me refiero a las buenas novelas, claro está. O a las buenas novelas modernas. O a las novelas modernas que a mí más me gustan o me parecen mejores y cuya estela aspiran a seguir las mías, o en cuya tradición aspiran a integrarse. Me refiero a las novelas del punto ciego.

Tomemos, sin ir más lejos, la primera novela moderna, quizá la mejor, en cualquier caso aquella que contiene en germen todas las posibilidades futuras del género y que, precisamente por su carácter fundacional, determina en gran parte su porvenir. La pregunta central que Cervantes formula en el *Quijote* es transparente: ¿de verdad está loco don Quijote? Como mínimo de entrada, la respuesta a esta pregunta no es menos transparente: don Quijote, sin duda, está loco. Por supuesto, podemos discrepar del tipo de locura que padece nuestro caballero, y no han faltado médicos que han arriesgado un diagnóstico clínico de su enfermedad, cosa seguramente inútil, si no improcedente: después de todo, don Quijote no es una persona de carne y hueso –aunque a menudo lo parezca–, sino un personaje inventado, y en consecuencia, como dice el psiquiatra Carlos Castilla del Pino, su locura no debe tomarse en un sentido médico, sino «como una construcción ficcional». Da lo mismo: lo que es seguro es que don Quijote está loco, completamente loco, loco de atar; también es seguro, sin embargo, que don Quijote está cuerdo, completamente cuerdo, como notan una y otra vez, perplejos, cuantos se cruzan con él y le escuchan discurrir con perfecta lucidez sobre cualquier asunto, por complejo que sea –la justicia o la política o la moral–, siempre que no sean los libros de caballerías. ¿En qué quedamos, entonces? ¿Don Quijote está loco o no lo está? No lo sabemos; o, si se prefiere, don Quijote está loco y no está loco a la vez: esa contradicción, esa ironía, esa ambigüedad esencial, irreductible, constituye el punto ciego del *Quijote*. Pero es justamente a través de ese punto ciego a través del cual la novela de Cervantes dice lo más importante que tiene que decir. Que no es, por cierto, que la verdad sea una cuestión de perspectiva, como tantas veces se ha repetido, o que, como escribió Leo Spitzer, la realidad «es susceptible de varias interpretaciones»; no, el autor del *Quijote* no es un perspectivista ni un relativista, sino un ironista. Lo que de veras dice Cervantes, gracias al punto ciego de su obra maestra, es que la realidad –sobre todo la realidad humana, que es la que de veras le interesa– es esencialmente ambigua, irónica y contradictoria: que don Quijote está loco, pero también está cuerdo; que don Quijote es un personaje cómico y grotesco, pero también un personaje admirable, un héroe trágico; que todos los demás personajes del libro comparten la duplicidad del protagonista y que incluso la comparte el propio libro: después de todo, éste es por supuesto una invectiva contra los libros de caballerías, como el propio Cervantes afirma en el prólogo a la primera parte, pero también es un homenaje a los libros de caballerías, y el mejor de todos ellos. Por ahí se revela la naturaleza esencial del *Quijote*, su evidencia más profunda y revolucionaria, su absoluta genialidad, que estriba en haber creado un mundo radicalmente irónico: un mundo en el que no existen verdades monolíticas e inapelables, sino en el que todo son verdades bífidas, ambiguas, poliédricas, tornasoladas y contradictorias.

Ése es el mundo característico de la novela: no sólo el del *Quijote*, sino también el de la novela como género, al menos de la más solvente o la que más me importa, que es la que se hace cargo del legado de Cervantes. Esta tradición hereda a fondo la irónica visión del mundo del escritor español, el antidogmatismo, el escepticismo y la tolerancia que entraña, y por ello resulta tanto o más esencial que el desarrollo de la ciencia para el triunfo de la modernidad; esta tradición hereda también, al menos en algunos casos fundamentales, el instrumento idóneo para colocar la ironía en el centro mismo de la novela: el punto ciego.

Tomemos una novela en todos los sentidos casi tan grande como el *Quijote*, muy distinta del *Quijote* y al mismo tiempo inconcebible sin él. Tomemos *Moby Dick*. La pregunta central de la novela de Herman Melville también es muy visible; aunque el autor previene contra una lectura simbólica o alegórica de su libro, no hay duda de que éste es una alegoría y Moby Dick un símbolo, porque el interrogante que gobierna el relato de principio a fin es el siguiente: ¿quién es Moby Dick? ¿Por qué está Ahab obsesionado con la ballena blanca? ¿Qué representa ese cetáceo insólito y alucinado para el capitán del *Pequod*? No es una pregunta clínica o aparentemente clínica, como la del *Quijote*, sino moral o metafísica; pero, igual que en el *Quijote*, la respuesta de entrada es obvia. «Reducido, y endurecido, a palabras —escribe E. M. Forster—, el tema espiritual de *Moby Dick* es el de una lucha contra el mal, llevada demasiado lejos y conducida de una manera equivocada.» Así pues, la ballena blanca es la encarnación del mal, y representa para Ahab, como dice Melville, «todas las sutilezas diabólicas de la vida y el pensamiento». Esto es del todo cierto; pero también es del todo insuficiente. El propio Forster lo sabe, y por eso añade de forma un tanto vaporosa: «Lo esencial en *Moby Dick*, su canción profética, discurre como una corriente de fondo en dirección opuesta a la acción y a su aparente moralidad. Se halla fuera de las palabras»; Forster siente que su descripción de la novela es pobre y parcial, pero no alcanza a explicarse por qué, y por eso concluye con resignación: «*Moby Dick* está preñado de significados, pero dar con el significado total del libro plantea otro problema distinto [...]. Nada se puede afirmar sobre *Moby Dick*, salvo que es una lucha. El resto es música».

No es verdad; Forster se equivoca: algo sí se puede afirmar con certeza sobre *Moby Dick* y no es sólo música. Lo que se puede afirmar es que, además de encarnar el mal, Moby Dick encarna el bien, y que en esa perfecta contradicción, en esa ironía insalvable, en ese punto ciego, empieza el significado profundo del libro. Es cierto que Ahab es una especie de caballero andante a lo divino que se lanza a la empresa imposible de destruir al Diablo, personificado en la ballena blanca; pero no hay que olvidar que, para Melville, la blancura también es el signo de una cierta presencia mística, «el más significativo símbolo de las cosas espirituales, e incluso el mismísimo velo de la Deidad Cristiana», y que la ballena blanca aparece como una grandiosa representación mítica de todo lo divino; más aún, en alguna ocasión el narrador habla de ella como de un arcángel, de tal manera que la lucha de Ahab contra Moby Dick acaba identificándose por momentos con la lucha de Jacob contra el ángel, un episodio bíblico al que Melville alude de forma explícita (por ejemplo al final del capítulo CXXIII). No hay duda: Moby Dick es el mal, pero también es el bien, y es Dios, pero también es el Diablo; del mismo modo, Ahab es un titán grandioso que no ceja en su lucha contra Moby Dick como Jacob no cejó en su lucha contra el ángel hasta que obtuvo su bendición y pudo por fin decir: «Vi a Dios cara a cara, y fue librada mi alma» (Génesis, 32, 30); Ahab es un titán, sí, pero también un enfermo de odio, y es un hombre libre, pero también un esclavo de su obsesión por Moby Dick. Como todo en el *Quijote*, todo en *Moby Dick* vive en el filo exacto de la permanente contradicción, de la ambigüedad permanente; como Cervantes en el *Quijote*, Melville formula en *Moby Dick* de la manera más compleja posible la pregunta que él mismo plantea, y esa máxima complejidad es la respuesta a su pregunta: la respuesta es la propia búsqueda de una respuesta, la propia pregunta, el propio libro. Por eso Maurice Blanchot afirma que la novela de Melville «posee el carácter irónico de un enigma que sólo se revela con la interrogación que él mismo propone».

Algo muy semejante, si no idéntico, podría decirse de algunos relatos y novelas de Franz Kafka; acaso en ninguno de ellos aparece con mayor claridad que en *El proceso*. La pregunta nuclear de esta novela se desprende de su mismo arranque magistral: «Alguien debía de haber calumniado a Josef K., porque, sin haber hecho nada malo, fue detenido una mañana». La pregunta es automática: ¿cómo es posible que detengan a Josef K., si es verdad que no ha hecho nada malo? ¿O no es verdad que no ha hecho nada malo y la verdad es que no ha sido víctima de una calumnia? ¿De qué se acusa a Josef K.? Y, sobre todo, ¿es culpable o inocente? Desde el momento en que, al principio de la novela, es detenido por unos guardianes en la pensión donde vive, el día de su trigésimo aniversario, Josef K. invierte sus mejores energías en tratar de contestar a esas preguntas, convertido a la vez en investigador y en sospechoso, hasta que justo un año después, en el último capítulo de la novela, dos hombres semimudos, insensibles y repugnantemente ceremoniosos le conducen de noche a una cantera abandonada y desierta y lo matan sin que él haya visto jamás al juez o al tribunal que lo acusa, sin que haya conseguido averiguar siquiera de qué se le acusa. Josef K., no hay duda, es inocente, al menos en teoría, porque, según precisa el narrador, vive en un estado de derecho y en un estado de derecho, como sabemos, todo el mundo es inocente hasta que se demuestre lo contrario. Pero ¿es también Josef K. inocente en la práctica?

En alguna parte George Steiner cifró la visión del mundo de Kafka en una anécdota sacada de *Sin perdón*, el western de Clint Eastwood. El sheriff del pueblo, interpretado por Gene Hackman, acaba de pegarle una paliza a un antiguo pistolero, interpretado por el propio Eastwood, a quien un grupo de prostitutas quiere contratar para vengarse de unos clientes feroces; escandalizadas, las prostitutas le reprochan al sheriff su vesania, le aseguran que su víctima era inocente, hasta que el sheriff las mira intrigado y les pregunta: «Inocente, ¿de qué?». Así es en efecto el mundo de Kafka, sobre todo en *El proceso*:

no un mundo donde rige el derecho, como cree ingenuamente el narrador, sino un mundo tan salvaje como el del salvaje Oeste, un mundo donde todos sus habitantes son culpables hasta que se demuestre lo contrario (y demostrarlo es imposible). ¿De qué se acusa a Josef K.? ¿Es inocente o culpable? No lo sabemos; no hay una respuesta clara e inequívoca a esa pregunta; la respuesta, de nuevo, es la propia búsqueda de una respuesta, la propia pregunta, el propio libro; es decir, es una respuesta ambigua, contradictoria, esencialmente irónica: Josef K. es inocente, no se sabe de qué se le acusa, ni siquiera quién le acusa; pero, al mismo tiempo, es culpable, porque nadie en el mundo de Kafka está libre de culpa, y por eso al final de la novela, mientras sus dos verdugos se pasan entre nauseabundas cortesías el cuchillo con que se disponen a asesinarlo, el protagonista, convencido ya de su propia culpabilidad, siente que «su deber hubiera sido coger el cuchillo que pasaba de mano en mano por encima de él y clavárselo él mismo». Kafka consigue así, a través de la ignorancia en que mantiene al lector el punto ciego de *El proceso*, expresar con toda su riqueza de matices el carácter monstruoso de su universo de ficción, un universo donde es posible ser, al mismo tiempo, inocente y culpable, o donde la inocencia no exime ni de la culpabilidad ni del atroz destino reservado a los culpables: la ignorancia del punto ciego —su no saber— es una ignorancia sabia; su oscuridad —su no ver— una oscuridad que ilumina; su silencio —su no decir, o su no decir de manera clara y taxativa, sino irónica o paradójica—, un silencio elocuente.

He mencionado de paso los relatos de Kafka, pero no lo he hecho en vano: además de algunas novelas capitales como las que acabo de comentar, algunos relatos fundamentales de autores fundamentales están asimismo dominados por el punto ciego. Pienso por ejemplo en tres relatos de tres escritores anteriores a Kafka sobre los que Kafka influyó, lo que por cierto no tiene nada de extraño: todo gran escritor provoca tal sacudida en la tradición que, según escribió Borges siguiendo a Eliot, «su labor modifica nuestra concepción del pasado, como ha de modificar el futuro». Quizá el más kafkiano de esos precursores de Kafka sea precisamente Melville, hasta el punto de que es posible que sólo gracias a Kafka hayamos empezado a entenderlo por completo: tal vez no sea casual que Melville no fuera considerado como el enorme escritor que es hasta la tercera década del siglo XX, cuando, tras la muerte de Kafka, empezó el prestigio universal de Kafka.[3] Sea como sea, no hay duda de que «Bartleby, el escribiente» es un relato plenamente kafkiano, porque, como dice el propio Borges, a mediados del siglo XIX «define ya un género que hacia 1919 reinventaría y profundizaría Franz Kafka: el de las fantasías de la conducta y el sentimiento o, como ahora malamente se dice, psicológicas»; tampoco hay duda de que el silencioso escribiente de Melville, cuyo lema vital es «preferiría no hacerlo», resulta ser un punto ciego tan enigmático como don Quijote o Moby Dick: nunca sabremos de verdad quién es ni qué representa ese hombre sin familia que sólo habla para contestar y nunca sale a la calle y se pasa las horas muertas mirando una pared vacía y todo el mundo ignora de dónde viene y adónde va; nunca sabremos por qué tiene el alma enferma ni en qué consiste su enfermedad ni por qué es «el más triste de los hombres»; nunca sabre-

---

3. Añado otra explicación del escaso aprecio que sus contemporáneos sintieron por Melville, en particular por *Moby Dick*; la explicación nos incumbe. La novela de Melville se publicó apenas cinco años antes que *Madame Bovary*, que data de 1856, pero sus larguísimas digresiones y la mezcla de géneros que la caracterizan están más próximas al desparpajo estructural del siglo XVIII que al rigor constructivo que gran parte de la novela del XIX estaba por entonces empezando a imponer de forma irresistible; también la acercan más a la libertad compositiva predecimonónica que en los años veinte y treinta recuperaban para la novela algunos modernistas europeos. Este doble carácter anacrónico de *Moby Dick*, a la vez rezagado y precursor, explica también que la novela fuera considerada por muchos de sus contemporáneos como una más de las muchas crónicas sobre la pesca de la ballena que pululaban en la época. Lo que de nuevo nos enfrenta a la evidencia: como toda o casi toda gran literatura, en su momento *Moby Dick* fue antes que nada antiliteratura.

mos si está absolutamente loco o totalmente cuerdo, ni si es la personificación misma de la rebeldía o del conformismo. La única respuesta a las preguntas que el personaje suscita es la respuesta sin respuesta que da al final del relato el abogado que ejerce de narrador: «¡Oh Bartleby, oh humanidad!».

El segundo relato kafkiano y con punto ciego que quiero aducir es «Wakefield», obra del escritor a quien Melville dedicó *Moby Dick*: Nathaniel Hawthorne.[4] Cuenta la historia de un esposo feliz, llamado Wakefield, que un día, sin que nada en apariencia lo justifique, abandona a su mujer y decide vivir durante veinte años a unos pasos de ella, solo, ajeno a su hogar, a su vida previa y al mundo; pero sobre todo cuenta la historia de un narrador que, mediante un relato conjetural, hipotético, trata de explicarse el comportamiento de Wakefield, confiando en que esa pesquisa le deparará una explicación y una enseñanza, «aunque no logremos descubrirlos, fijarlos con nitidez y condensarlos en la frase final». Sin embargo, la única explicación y la única enseñanza que encuentra el narrador en su búsqueda es la propia búsqueda, lo que equivale a decir una explicación y una enseñanza que no son ni explicación ni enseñanza: apenas la astuta sonrisa enigmática que Wakefield esboza, en el inicio del relato, al abandonar su casa y a su mujer, y que vuelve a esbozar dos décadas más tarde, al recuperarlos. Mi tercer relato kafkiano es obra de un autor que murió el mismo año que Kafka, 1924, aunque dudo mucho que alcanzara a leer a Kafka; me refiero a «El duelo», de Joseph Conrad. En él se narra la infatigable enemistad a muerte entre Feraud y D'Hubert, dos oficiales de caballería de la Grande Armée napoleónica, dos hombres «de carácter intensamente guerrero»

---

1. Sería injusto abandonar a Melville sin mencionar otro relato con punto ciego, el póstumo «Billy Budd, marinero», donde nunca llegamos a saber a qué obedece el odio feroz que concibe por Billy Budd John Claggart, maestro de armas del buque *Indómito*, y donde ese no saber permite a Melville reformular el tema de *Moby Dick*: la lucha entre el bien y el mal, entre Dios y el Diablo.

que, como «dos artistas dementes, empeñados en dorar el oro o teñir una azucena», prolongan su odio a lo largo de duelos, de batallas, de décadas, de países, de victorias y de derrotas, un odio cuya intensidad acaba dando sentido a sus vidas y cuyo origen —el punto ciego del relato— es desconocido para cuantos les rodean, e incomprensible o insensato para el lector.

Los puntos ciegos del *Quijote*, *Moby Dick*, «Bartleby, el escribiente» y «Wakefield» son, digamos, puntos ciegos conceptuales: don Quijote, Moby Dick, Bartleby y Wakefield constituyen enigmas irresolubles, extremas contradicciones ambulantes, ironías vivas, sin fondo. Los puntos ciegos de *El proceso* y «El duelo», en cambio, son puntos ciegos narrativos, digamos, puntos ciegos provocados por el escamoteo de un dato esencial: la acusación contra Josef K., el origen de la disputa entre Feraud y D'Hubert. Quiero detenerme ahora en otros dos relatos con puntos ciegos narrativos, dos relatos aparentemente muy distintos pero secretamente parecidos, firmados por dos autores en tantos sentidos tan próximos (y a la vez tan lejanos). El primero es «Otra vuelta de tuerca», para muchos el mejor relato de Henry James; el segundo es «El Sur», al que Borges consideró más de una vez su mejor relato.

Los eruditos llevan años discutiendo si en «Otra vuelta de tuerca» existen de verdad los malignos fantasmas que acosan a los niños angelicales de la mansión de Bly —su anterior institutriz, la difunta señorita Jessel, y su anterior criado, el difunto Peter Quint— o si esos fantasmas no son más que una repetida alucinación de la nueva institutriz, invenciones o proyecciones de su histeria, según argumentó Edmund Wilson; lo cierto, sin embargo, es que el texto ofrece tantos argumentos para sostener una cosa como la otra, porque lo que de forma consciente o inconsciente buscaba James no era disipar esa ambigüedad sino potenciarla, abriendo en el núcleo del relato un punto ciego mediante el cual consiguió explorar con éxito, y quizá con más sutileza que nunca, un tema básico en su obra: la presencia venenosa e inasible del mal. De manera semejante, en el relato de Borges hay tantas razones para sostener que Juan Dahlmann, el bibliotecario enamorado del violento y romántico Sur de sus antepasados, muere en un absurdo duelo a cuchillo con un gaucho, mientras se dirige a la estancia de su familia para convalecer de un accidente doméstico que a punto ha estado de matarlo, como para sostener que nada de eso es real, porque la realidad es que Dahlmann murió en el infierno humillante y prosaico de una cama de hospital, tras haber sufrido aquel accidente, mientras soñaba con una muerte honrosa, en la pampa y a pleno sol, en un duelo a cuchillo; como la de «Otra vuelta de tuerca», esa perfecta ambigüedad, esa indecisión deliberada entre el sueño y la realidad, o entre la realidad y la alucinación, es el punto ciego de «El Sur», la oscuridad a través de la cual Borges ilumina el asunto central de su relato y de una parte importante de su obra: la fascinación épica no tanto por la seca violencia como por el coraje redentor. El punto ciego de «Otra vuelta de tuerca» vuelve irrelevantes las apasionadas (y a veces apasionantes) discusiones de los eruditos sobre si los fantasmas de Bly son reales o son un delirio de la institutriz, como el punto ciego de «El Sur» vuelve irrelevantes las discusiones sobre si es verdad o es un sueño que Dahlmann muere durante un duelo a cuchillo en el Sur (igual que el punto ciego del *Quijote* vuelve irrelevantes las discusiones sobre si don Quijote está cuerdo o loco, y el de *Moby Dick* las discusiones sobre si la ballena blanca es el bien o el mal, Dios o el Diablo): ambas cosas son ciertas, aunque ambas sean contradictorias. La ironía esencial del punto ciego no resta: suma; como observó Thomas Mann, la ironía no consiste en decir «ni esto ni aquello», sino «esto y aquello» a la vez.

He tratado, hasta aquí, de novelas y relatos, pero cabría preguntarse si existen también obras de otros géneros gobernadas por el punto ciego; obras teatrales, por ejemplo: ¿qué otra cosa sino un gran punto ciego es el protagonista ausente y en vano aguardado de *Esperando a Godot*? De todos modos, es muy posible que, según ya he señalado, la novela sea el género narrativo más proclive al punto ciego, el género que mejor lo maneja o que más lo demanda, porque está en el origen mismo del género o de determinada tradición del género, la inaugurada por Cervantes, en la que ocupa un lugar preponderante la ironía tal y como la entendía Friedrich Schlegel —como «la forma de la paradoja»—, que viene a ser la ironía tal y como la entiendo aquí: como un instrumento de conocimiento que opera con la radical ambigüedad de las verdades plurales y contradictorias.

Así que quizá podríamos multiplicar los ejemplos de novelas con punto ciego. No todos ellos son, por supuesto, igualmente claros: como observó H. L. A. Hart, toda clasificación o teoría humana tiene casos claros («clear standard cases») y casos no tan claros («challengeable borderline cases»), que sin embargo no la invalidan como teoría. *Don Quijote*, *Moby Dick* y *El proceso* son casos claros de novelas con punto ciego, tan claros como paradigmáticos; otros quizá son más discutibles. ¿Es *Retrato de una dama*, de Henry James, una novela con punto ciego? ¿Cómo es posible que al final de la historia Isabel Archer regrese a Roma con Gilbert Osmond, su marido, a pesar de que éste ha demostrado hasta el hartazgo que no la quiere y que es un monstruo de egoísmo, y a pesar de los juramentos de amor de Gaspar Goodwood, que promete liberarla de su marido y darle una vida digna y feliz? ¿Vuelve para rescatar a su hijastra Pansi de las manos desaprensivas de Osmond y para marcharse con ella, o lo hace porque siente que su deber es ser fiel a su marido, por abominable que sea, por mucho sufrimiento que le cause y por mucho que ella misma sea consciente de que su matrimonio ha sido un error? La novela no aclara esa duda esencial, esa ambigüedad decisiva, y es muy posible que ella constituya el punto ciego de *Retrato de una dama*. ¿Contiene también *Lolita* un punto ciego en su centro? ¿Son de verdad dos personas distintas Humbert Humbert, el narrador y protagonista de la novela de Vladimir Nabokov, el hombre obsesionado con su hijastra Lolita, y Clare Quilty, su contrafigura, el autor teatral y guionista cinematográfico con el que se fuga la nínfula? ¿O Quilty es sólo un doble de pesadilla de Humbert Humbert, un fantasma segregado por sus celos y su paranoia, y su muerte final a manos de Humbert Humbert no es un asesinato sino sólo una suerte de suicidio, una mutilación? ¿Es la incertidumbre en que Nabokov nos abandona acerca de estos interrogantes el punto ciego de *Lolita*? Puede ser. ¿Y ese momento culminante de *La montaña mágica* en el que, ya casi al final del libro, Settembrini y Naptha –el ilustrado creyente en el humanismo y partidario de la democracia y el extremista de mentalidad totalitaria que a lo largo del relato se disputan la atención de Hans Castorp–, deciden absurdamente resolver sus diferencias mediante un duelo absurdo que termina con la muerte de Naptha? ¿Es el gesto inexplicado e inexplicable de Naptha, al pegarse un tiro después de que Settembrini haya disparado de manera voluntaria al aire, la fisura o el vacío de significado que dota de su significado más profundo a la novela, resolviendo con su silencio mortal el debate ideológico que la recorre y los dilemas que asedian a su protagonista? No lo sé; me inclino a pensar que no. Y tampoco creo que tengan en su centro un punto ciego *Las ilusiones perdidas*, o *La cartuja de Parma*, o *David Copperfield*, o *Madame Bovary*, o *Guerra y paz*, o *Los miserables*, o *Middlemarch*, para mencionar algunas obras cumbres del realismo. Pero podría estar equivocado; quizá todo dependa de cómo se lean, aunque a simple vista no parecen casos muy claros. De hecho, mi impresión es que no resulta fácil encontrar novelas realistas con punto ciego. La razón puede ser que esa tradición de novela, tal y como cuaja en el siglo XIX, alienta ante todo la ambición imposible de crear un artefacto verbal semejante a un mundo cerrado, hermético, una réplica o un duplicado del real, mientras que, en una novela, el punto ciego es una grieta, una minúscula fuga de significado que es a la vez la fuente principal de significado. Esto explicaría quizá que, en las pocas novelas realistas con punto ciego que se me ocurren, el punto ciego esté allí como a contrapelo del autor, sin que éste parezca haberlo buscado, o sin que sea del todo consciente de él; a veces, incluso, como si hubiese luchado contra él.

Pongo a continuación un ejemplo. Tal vez de manera significativa, se trata de una novela de un autor que, aunque a su modo deseaba permanecer fiel al realismo, no escribía en el momento de su apogeo sino en el de su crisis. Se trata de *El Gatopardo*, la única novela de Giuseppe Tomasi di Lampedusa, publicada póstumamente en 1959. Si no me engaño, la interpretación habitual de esta novela extraordinaria es fruto de un malentendido, o simplemente de una mala lectura; si no me engaño, el malentendido (o el error de lectura) ha sido en gran parte provocado por la influencia distorsionante que ha ejercido sobre ella la maravillosa versión cinematográfica de Lucino Visconti. Ambas, la novela y la película, narran las vicisitudes de la vieja y aristocrática familia siciliana de los Salina –sobre todo del príncipe de Salina, don Fabrizio, y de su sobrino Tancredi– mientras intenta preservar su sempiterna posición de privilegio en medio del vendaval provocado por la invasión de la isla por las fuerzas de Garibaldi, en mayo de 1860, y por las subsiguientes luchas revolucionarias, que culminarán con la unidad de Italia. En la película de Visconti no hay duda: el instrumento que el azar depara a don Fabrizio para que la revolución no cambie las cosas y todo siga igual, para su familia y para él, es la boda de su sobrino Tancredi con Angelica, la hija de don Calogero, el prototipo de la ascendente y rica burguesía revolucionaria con la que debe aliarse, a fin de sobrevivir, la noble y decadente familia de los Salina; es una boda por interés, claro está, pero sobre todo por amor: ¿cómo no va a enamorarse Alain Delon, el actor que en la película interpreta a Tancredi, de Claudia Cardinale, la actriz que interpreta a Angelica y también, al menos en la película –no creo que nadie se atreva a poner esto en duda–, la mujer más hermosa del mundo? ¿Cómo no va a preferir Tancredi la alegría y la sensualidad de Claudia Cardinale a la tristeza y la palidez pudibunda y piadosa de Lucilla Morlacchi, la actriz que interpreta a Concetta, la hija de don Fabrizio, la prima de Tancredi y la mujer en principio destinada a él?

En la novela de Lampedusa, en cambio, las cosas no están ni mucho menos tan claras como en la película. La acción de ésta concluye en 1862, con la presentación en sociedad de Angelica como prometida de Tancredi durante la larguísima escena del baile en el palacio Ponteleone, pero la de la novela termina casi cuarenta años más tarde, con un epílogo donde, de improviso, el relato entero cobra un nuevo sentido. Don Fabrizio y Tancredi hace tiempo que han muerto; siguen vivas, por el contrario, Angelica y Concetta: la primera, tras haber conocido un matrimonio infeliz con Tancredi, y la segunda tras haber sobrevivido a duras penas a su soltería de por vida, a su amargura por el frustrado amor de su primo y a la imparable decadencia de la familia Salina. Un día, Angelica visita a Concetta acompañada por un amigo de juventud de Tancredi, el senador Tassoni, quien les cuenta que, en realidad, su amigo adoraba a Concetta, que siempre estaba hablando de ella, y al final obliga a que ésta reinterprete sin querer, gracias a una revelación involuntaria, cierto antiguo episodio de su juventud, y la hace llegar a una conclusión tan inesperada como devastadora: en realidad, su primo siempre la quiso, fue ella la que lo ahuyentó con su orgullo, su altivez y su dureza, toda su vida ha sido un error, también en esto. Cuando Tassoni y Angelica se separan de Concetta, el antiguo amigo de Tancredi le pregunta a su viuda si ha dicho algo inconveniente, porque Concetta parecía turbada. Angelica dice que no y, como conoce muy bien a la prima de Tancredi, añade por toda explicación: «Concetta estaba locamente enamorada de Tancredi; pero él jamás se había fijado en ella». Entonces el narrador, preocupado como buen escritor realista por cerrar hasta el último portón del relato, se siente en el deber de añadir: «De ese modo, una nueva paletada de tierra fue a caer sobre el túmulo de la verdad». De nuevo está todo claro, pues, aunque la claridad del libro alumbre una tragedia distinta a la de la película. La verdad es que Tancredi estaba enamorado de Concetta y que, casándose con Angelica, sacrificó el amor de su vida en aras de su propio interés y el de su familia. No es que no se enamorara también de Angelica; sin duda lo hizo, pero lo hizo fugazmente, como su tío podía enamorarse de las vulgares y fogosas amantes a quienes visitaba de noche y a escondidas en Palermo, para regresar al cabo de unas horas, saciado, al hogar. Angelica apenas debió de ser, para Tancredi, una mujer contingente, mientras que Concetta era la mujer necesaria, una mujer tan gélida y piadosa como su tía, la mujer de don Fabrizio, pero no más que las grandes damas destinadas a los grandes señores como él, y en todo caso tan distinguida como ellas. «Si queremos que todo siga como está, es preciso que todo cambie», reza la frase más célebre de la novela. Pero se olvida que quien primero pronuncia esa frase no es don Fabrizio sino Tancredi, y es Tancredi el primero que, para que todo siga como está, lo cambia todo; también lo más importante, lo esencial: el amor perdurable de su prima Concetta, sacrificado por la pasión fugaz y la boda con Angelica. A cambio de esa ofrenda, Tancredi pierde lo que tenía —la felicidad y el amor de Concetta— y no consigue lo que buscaba: mantener la preponderancia de la familia Salina, sumida en el epílogo del libro en una ruina terminal. El fracaso de Tancredi es el fracaso de don Fabrizio; también el de Concetta y Angélica y el de toda la familia Salina. Añadido a la conciencia minuciosa de la caducidad humana que permea la novela, este fracaso unánime acaba dotándola de su avasalladora melancolía.

Pero ¿y el punto ciego? ¿Dónde está el punto ciego de *El Gatopardo*? La respuesta es sencilla: tal y como ahora mismo conocemos la novela, en ninguna parte; tal y como la conocemos ahora mismo, *El Gatopardo* es una novela sin punto ciego. Ahora bien, si yo hubiese estado con Lampedusa cuando escribió la frase donde aclara sin posibilidad de duda que Concetta fue el verdadero amor de Tancredi («De ese modo, una nueva paletada de tierra fue a caer sobre el túmulo de la verdad»), le hubiera gritado: «¡No, por favor, no aclare eso! ¡Cálleselo! ¡Usted no sabe que a quien de veras amaba Tancredi era a Concetta!»; y, si Lampedusa no hubiese muerto antes de ver publicada su novela y yo hubiese sido Giorgio Bassani, su editor en Feltrinelli, y hubiese trabajado con él en el manuscrito, hubiese hecho lo imposible por convencerle de que suprimiera ese comentario. Porque es un error. No es un error tan grave como si al final del *Quijote* Cervantes hubiese revelado que en realidad don Quijote nunca estuvo loco, o como si al final de *Moby Dick* Melville hubiese aclarado que Moby Dick en realidad representaba a Dios y al bien, o como si al final de *El proceso* Kafka hubiese mostrado que en realidad Josef K. había cometido un asesinato y por eso querían procesarlo, pero de todos modos es un error. Un error que puede parecer extraño en un escritor tan grande como Lampedusa, sobre todo si ante ese exceso de explicitud se recuerda su decisivo ensayo sobre Stendhal, donde distinguía entre escritores implícitos y explícitos y alababa a los primeros y abominaba de los segundos. Si bien se mira, sin embargo, el error no es tan extraño, y no sólo porque no es extraño que los escritores violemos nuestros propios principios estéticos —y no siempre en perjuicio de nuestras obras—, sino sobre todo porque, a pesar de la grandeza de *El Gatopardo*, su autor era un escritor primerizo, que incurre a menudo en torpes y perjudiciales intromisiones del narrador en su relato, intromisiones que, quién sabe, quizá hubiera suprimido del texto definitivo (sobre todo si hubiera tenido la suerte de contar con un buen editor). La que he mencionado es con seguridad la más grave de todas. Sin ella, existirían tantas razones para pensar que, en efecto, Concetta fue el auténtico amor de Tancredi como para pensar que no lo fue, que eso es sólo una fantasía senil de una anciana amargada por su fracaso vital, y que en realidad el amor y el interés se aliaron para que Tancredi se casase con Angelica; sin esa frase nociva, la ambigüedad del libro sería perfecta y su pregunta central —una pregunta que sólo se hubiese formulado en el epílogo pero que hubiese dominado retrospectivamente todo el libro— hubiera sido una pregunta romántica, como corresponde a una novela romántica: ¿quién fue el verdadero amor de Tancredi?; sin esa frase superflua, la respuesta a la pregunta del libro hubiera sido la propia búsqueda de una respuesta, la propia pregunta, el propio libro. O dicho de otro modo: sin esa frase la respuesta hubiera estado únicamente en manos del lector.

Es lo que ocurre siempre en las novelas del punto ciego. Se objetará que eso no sólo ocurre en ellas, sino en cualquier novela, o en cualquier relato, o simplemente en cualquier obra literaria. Es verdad. Un libro no existe por sí mismo, sino sólo en la medida en que alguien lo lee; un libro sin lectores no pasa de ser un montón de letra muerta, y es cuando los lectores lo abrimos y empezamos a leerlo cuando se opera una magia cotidiana y la letra resucita, dotada de una vida nueva. Nueva y, claro está, distinta en cada caso; después de todo, un libro es apenas una partitura que cada cual interpreta a su manera: cuanto mejor es la partitura, más y mejores interpretaciones tolera o fomenta; por eso hay, virtualmente, tantos *Quijotes* como lectores del *Quijote*. En definitiva, es el lector, y no sólo el escritor, quien crea el libro. Tomándose la libertad de regañar a sus lectores, Virginia Woolf lo dijo así: «En su modestia parecen ustedes considerar que los escritores están hechos de una pasta distinta de la suya; que saben más sobre los hombres de lo que ustedes saben. Nunca hubo un error más fatal. Es esta división entre lector y escritor, esta humildad de su parte, estos aires de grandeza de la nuestra, lo que corrompe y castra los libros, que deberían ser el fruto saludable de una estrecha e igualitaria alianza entre nosotros». Es posible, incluso, que la Woolf se quede corta, y que el lector cree el libro todavía más que el escritor, al menos en el caso de los mejores lectores y los libros mejores. Era lo que creía Paul Valéry: «No es nunca el autor el que hace una obra maestra —escribió—. La obra maestra se debe a los lectores, a la calidad del lector. Lector riguroso, con sutileza, con lentitud, con tiempo e ingenuidad armada. Sólo él puede hacer una obra maestra».

Todo esto es verdad; pero no es toda la verdad. También es verdad que, para afincarse en la obra y poder crearla mano a mano con el autor y apropiársela, el lector necesita que el autor le conceda un espacio: ese espacio es la ambigüedad; y, para que el lector pueda penetrar en ese espacio y desplegar allí el rigor, la sutileza y la ingenuidad armada que le pedía Valéry, el autor debe abrirle un boquete, una sutil puerta de entrada al hermetismo de su mundo ficticio: ese boquete es el punto ciego. Podría decirse que, mientras lee las novelas y relatos del punto ciego, la tarea del lector consiste en localizar ese punto a través del laberinto de pistas que el autor ha dispuesto; una vez localizado, el lector debe colarse por él para adentrarse a fondo y sin miedo, como un espeleólogo, en territorios que sólo la novela o el relato puede explorar, vedados a cualquier otra forma de conocimiento. Por supuesto, también hay lectores cobardes o timoratos o incompetentes, desprovistos de cualquiera de las virtudes del lector de Valéry, lectores que no encuentran el punto ciego o que lo encuentran y no lo reconocen o prefieren no reconocerlo, y que por lo tanto renuncian, ineptos o aprensivos, a las complejidades, ambigüedades, paradojas e ironías que propone el autor: lectores que deciden, por ejemplo, que don Quijote únicamente está loco, que Moby Dick apenas representa el mal, que Josef K. es sólo inocente; están en su derecho, por supuesto, aunque con ello aceptan simplificar y empobrecer el libro, degradando la aventura moral e intelectual que en él propone el autor. A menudo he pensado que un buen escritor es lo contrario de un buen político: un buen político es aquel que afronta un problema complejo, lo reduce a sus líneas esenciales y lo resuelve por la vía más rápida; en cambio, un buen escritor es aquel que afronta un problema complejo y que, en vez de resolverlo, lo vuelve más complejo todavía (y un escritor genial es aquel que crea un problema donde antes de él no existía ninguno). Los buenos políticos nos simplifican la vida y los malos nos la complican (y complicándola nos la empobrecen), mientras que los malos escritores nos simplifican la vida y los buenos nos la complican (y complicándola nos la enriquecen): por eso los buenos políticos suelen ser tan malos escritores y los buenos escritores tan malos políticos. Cervantes nos complicó para siempre la vida formulando en el *Quijote*, de la manera más compleja posible, el problema irresoluble de la irresoluble contradicción entre la locura y la cordura, como Melville formuló en *Moby Dick* el problema irresoluble de la irresoluble contradicción entre el bien y el mal, y Kafka formuló en *El proceso* el problema irresoluble de la irresoluble contradicción entre la inocencia y la culpabilidad. A su modo, lo mismo hicieron, en las obras que acabo de comentar, Hawthorne, James, Conrad, Borges y Lampedusa; es lo que hace la gran literatura: complicarnos la vida formulando preguntas complejas de la manera más compleja posible, planteando paradojas irreductibles, acuñando enigmas sin solución o al menos sin solución aparente, ideando aporías gnoseológicas; en definitiva, encendiendo, como decía Faulkner, una cerilla en medio de la impenetrable oscuridad que nos rodea: se diría que la cerilla no permite ver nada; pero no es así: permite ver la oscuridad. El punto ciego lanza baudelairianamente al lector intrépido, a través de esa oscuridad, al fondo de lo desconocido para encontrar lo nuevo; el punto ciego busca un sentido donde parece no haberlo, en lugares a simple vista invulnerables al sentido, o al menos a un sentido claro –contradicciones, ironías y paradojas irreductibles–, persiguiendo de ese modo un conocimiento inédito o incluso una revelación o como mínimo una inminencia de revelación, a sabiendas de que quizá nunca se produzca, incluso de que no puede producirse. Borges observó sin embargo que una inminencia de revelación, que no se produce, es quizá el hecho estético; yo añadiría que quizá es también ese hecho escurridizo, ambiguo, equívoco, contradictorio y esencialmente irónico que llamamos verdad literaria: esa verdad que no está en la respuesta a una pregunta sino en la propia búsqueda de una respuesta, en la propia pregunta, en el propio libro. Las novelas y relatos del punto ciego no son los que contienen ambigüedades, contradicciones, paradojas e ironías, porque toda buena novela o todo buen relato las contiene; las novelas y relatos del punto ciego son aquellos que colocan la ambigüedad, la contradicción, la paradoja y la ironía en su mismo centro, para que su poder irradie por todo el texto. Cuanto más ambigua una obra, mejor es, porque es más polisémica: porque más interpretaciones induce o admite, y más sentido es capaz de abarcar; sobra decir que no hay que confundir la ambigüedad con la indefinición: la indefinición bloquea el significado, o lo diluye, mientras que la ambigüedad lo dispara, multiplicando las interpretaciones de un texto. Nada contribuye a hacer más ambigua o polisémica una novela o un relato que el punto ciego —ese punto a través del cual la novela o el relato ven, ese silencio a través del cual son elocuentes, esa oscuridad a través de la cual iluminan—; nada contribuye tanto como el punto ciego a cebar de sentido una novela o relato, a incrementar el volumen de significado que es capaz de generar. El *Quijote*, *Moby Dick* y *El proceso* perduran en el tiempo porque, gracias en gran parte a su ambigüedad central, a su punto ciego, no cesan de resonar en nosotros, suscitando nuevas y contrapuestas interpretaciones. Eso es la garantía de su grandeza, de su heroica resistencia a morir. «Una obra es eterna —escribe Roland Barthes— no porque impone un sentido único a hombres diferentes, sino porque sugiere sentidos diferentes a un hombre único.» Eso es lo que, en gran parte gracias a su punto ciego, han conseguido las novelas y relatos de los que acabo de hablar; eso es lo que, con la máxima humildad (pero también con la máxima ambición), aspiran a conseguir los míos.

TERCERA PARTE

LA PREGUNTA DE VARGAS LLOSA

1

En 1963, cuando se publicó *La ciudad y los perros*, José María Valverde opinó que la primera novela de Vargas Llosa era «la mejor novela en lengua española desde *Don Segundo Sombra*». Años más tarde José Miguel Oviedo, el más puntual estudioso de la obra de Vargas Llosa, juzgó innecesaria esa afirmación; si lo es, yo quiero hacer una afirmación más innecesaria todavía: *La ciudad y los perros* es una de las mejores novelas escritas en español.

Reconozcamos la verdad: el español no abunda en grandes novelas. Nuestra tradición novelística es muy inferior a nuestra tradición poética y dramatúrgica; muy inferior, también, a las otras grandes tradiciones novelísticas: la del inglés, la del francés, la del alemán, la del ruso. He aquí una paradoja. El español crea con el *Quijote* la novela moderna, pero en seguida la abandona; mientras Inglaterra y Francia aprenden relativamente pronto la lección de Cervantes, los españoles no la entendemos o la ignoramos, y el resultado de esta dramática negligencia es que, como escribió J. F. Montesinos, en el siglo XVII y XVIII a España la novela se le escapa literalmente de las manos. El siglo XIX, el momento en que la novela se consolida como género literario, excluye con razón al español de la gran novelística occidental. *La Regenta* es un libro excelente, pero Clarín no es Flaubert y, nos pongamos como nos pongamos, Galdós no es Balzac ni Dickens, ni siquiera Eça de Queiroz, aunque *Fortunata y Jacinta* (y, por cierto, también *La Regenta*) no desmerezca de algunas novelas de Balzac o Dickens o Eça de Queiroz. La primera mitad del siglo XX no altera demasiado las cosas: Baroja o Azorín –por limitarnos a España– son buenos prosistas, pero no grandes novelistas, y en todo caso sus novelas, como las de Unamuno o Valle-Inclán, apenas pueden compararse a las grandes novelas de su tiempo; nuestros novelistas apuntan a veces en una dirección parecida a la de sus mejores contemporáneos, con frecuencia comparten con ellos inquietudes y vislumbres, pero sus resultados no están a la altura de los de un Joyce, un Kafka, un Faulkner o un Proust. Durante más de trescientos años, en resumen, la novela en español apenas contribuye a la gran tradición de la novela occidental.

Este estado de cosas cambia a mediados del siglo XX, cuando un grupo de novelistas latinoamericanos recupera el legado perdido de Cervantes, pone patas arriba la literatura en español y, poseído de una ambición insensata –querían ser a la vez Faulkner y Flaubert, Joyce y Balzac–, coloca de nuevo a la novela en español en el eje de la novela occidental de su época, devolviéndole un lugar de privilegio que hasta entonces sólo había disfrutado con Cervantes; estos novelistas ocupan, en mi tradición novelesca, un espacio descomunal: son los grandes narradores modernos que la modernidad en español no tuvo y, a la vez –al menos algunos de ellos, o al menos en parte–, los primeros narradores de la posmodernidad. Ningún novelista representa mejor que Vargas Llosa lo mejor de esos novelistas, y pocas novelas pueden aspirar a simbolizar con más precisión que *La ciudad y los perros* el inicio de ese terremoto literario: cuando se publicó faltaban cuatro años para que se publicaran *Cien años de soledad*, de García Márquez, y *Tres tristes tigres*, de Cabrera Infante, pero el mismo año se publica *Rayuela*, de Julio Cortázar; el año anterior lo hicieron *El siglo de las luces*, de Alejo Carpentier, y *La muerte de Artemio Cruz*, de Carlos Fuentes; dos años antes, *El astillero*, de Juan Carlos Onetti, y *Sobre héroes y tumbas*, de Ernesto Sábato. Algunas de estas novelas son obras maestras; sin duda lo es *La ciudad y los perros*. Lo que singulariza sin embargo a Vargas Llosa, en medio de esta floración continental de talento, es que su primera novela no es la única obra maestra que ha escrito; hechas las sumas y las restas, a mí me salen cuatro más: *La casa verde, Conversación en La Catedral, La tía Julia y el escribidor* y *La guerra del fin del mundo*. No sé de qué novelista puede decirse lo mismo; en español, de ninguno: aunque haya en nuestra lengua un puñado de novelas comparables a las mejores de Vargas Llosa, que yo sepa nadie ha escrito un conjunto de novelas comparable a ése.

2

Ahora bien, ¿quién es de verdad el autor de *La ciudad y los perros*? Quiero decir: ¿quién es Vargas Llosa en 1963?

He aquí algunos hechos. En 1963 Vargas Llosa es un muchacho que ha nacido veintisiete años atrás en Arequipa, al sur del Perú, en el seno de una familia opulenta venida a menos. Que ha tenido una infancia itinerante y feliz: además de en Arequipa, ha vivido en Piura y en Cochabamba, Bolivia, siempre acompañado por su madre y rodeado de parientes que lo adoran y a los que adora. Que ha descubierto con incredulidad, en los últimos días de 1946 o los primeros de 1947, que su padre no estaba muerto, como siempre creyó. Que de ahí en adelante vive con su padre y su madre en Lima. Que en 1950, y durante dos años, estudia en el colegio militar Leoncio Prado y que en ese momento ya es un lector voraz, sólo que hasta entonces la literatura ha sido para él un entretenimiento y a partir de entonces se convierte en un desafío peligroso, en una forma de transgresión o subversión, también –por decirlo como Cesare Pavese– en una defensa contra las ofensas de la vida. Que al salir del Leoncio Prado empieza a estudiar letras y derecho en la Universidad de San Marcos y empieza a practicar el periodismo y a ganarse la vida con multitud de trabajos y a escribir dramas y relatos y a fundar revistas y a moverse en el mundillo literario limeño. Que se ha casado con una tía segunda, Julia Urquidi Illanes, muchos años mayor que él. Que sueña con vivir y escribir en Europa y en 1958 viaja a París y ese mismo año llega a Madrid, con una beca para hacer una tesis doctoral, y al año siguiente publica en Barcelona un libro de relatos titulado *Los jefes* y se instala por fin en París, donde malvive primero como profesor y luego como periodista mientras conoce a otros escritores latinoamericanos y lee encarnizadamente –en particular literatura francesa, empezando por Sartre, Camus y Flaubert, y norteamericana, empezando por Faulkner, Hemingway y Dos Passos, pero también literatura en español, empezando por los libros de caballerías– y sobre todo escribe a lo largo de varios años una novela que primero se tituló *Los impostores* y luego *La morada del héroe* y al final *La ciudad y los perros*.

Todo lo anterior es, creo, exacto; nada de ello explica sin embargo que Vargas Llosa escribiera una novela del calibre de *La ciudad y los perros* a una edad en que la mayoría de los novelistas está todavía aprendiendo su oficio. Suponiendo que pueda explicarse, este hecho no puede explicarse sin otro: la absoluta y precoz seriedad con que Vargas Llosa asumió su anhelo de ser novelista. Nadie era desde luego más consciente que él de las dificultades a las que se enfrentaba un escritor en ciernes para realizar su vocación en Latinoamérica, una comunidad subdesarrollada donde, como escribe Vargas Llosa en 1966, la literatura era despreciada o ridiculizada, donde el escritor es «un ser anómalo, sin ubicación precisa, un individuo pintoresco y excéntrico, una especie de loco benigno» que no tiene la menor posibilidad de ganarse la vida con la literatura y donde la sociedad ha organizado una «poderosísima pero callada máquina de disuasión psicológica y moral» que chantajea al futuro escritor con un dilema siniestro: o renuncia a su vocación aceptando las profesiones que ella juzga tolerables o se convierte casi en un paria, condenado «poco menos que a la muerte civil». En estas condiciones, para Vargas Llosa el escritor que no vendía su alma al diablo, que se negaba a convertirse en un desertor y dejar de escribir, sólo podía ser un insumiso, un rebelde radical, incluso un apóstol o un cruzado o un caballero andante de la literatura.

De esa forma se concebía a sí mismo el joven Vargas Llosa, así se convirtió en escritor: primero, huyendo a París en busca de un entorno propicio a su vocación; y, segundo, asumiéndola de una forma exclusiva, total: para Vargas Llosa el escritor está obligado a ser un héroe o un titán, un fanático para quien lo primero no es vivir sino escribir (según escribe en 1964 acerca de Hemingway), un kamikaze resuelto a aceptar su destino «absorbente y tiránico» de escritor «como hay que hacerlo: como una diaria y furiosa inmolación» (según escribe en 1967 acerca de Oquendo de Amat), un egoísta sin contemplaciones capaz de sacrificarlo todo a fin de satisfacer su vocación literaria, puesto que (según escribe en 1966 sobre Sebastián Salazar Bondy) «un escritor demuestra su rigor y su honestidad poniendo su vocación por encima de todo lo demás y organizando su vida en función de su trabajo creador: la literatura es su primera lealtad, su primera responsabilidad, su primera obligación». En 1856 Flaubert –uno de los modelos titánicos de Vargas Llosa– le aseguró a Louis Bouilhet que *Madame Bovary* revelaba «mucho más paciencia que genio, bastante más trabajo que talento»; apuesto a que Vargas Llosa, que recordaba esa frase al final de *La orgía perpetua*, hubiera dicho lo mismo de *La ciudad y los perros*. Justo un siglo más tarde Faulkner –otro de los héroes de Vargas Llosa– declaró a *The Paris Review* que un escritor que no está dispuesto a robar a su madre a cambio de una obra maestra no es un verdadero escritor; apuesto a que por esa misma época Vargas Llosa no estaba dispuesto a robar a su madre: a cambio de una obra maestra, estaba dispuesto a venderla a una red de trata de esclavas.

3

A diferencia de muchos novelistas serios de los años sesenta y setenta, tan dóciles a determinados dictámenes superficiales o malinterpretados de la modernidad, Vargas Llosa piensa que la novela tiene que contar una buena historia, pero, a diferencia de muchos novelistas ingenuos de nuestra época, tan dóciles a determinados dictámenes superficiales o malinterpretados de la posmodernidad, Vargas Llosa no ignora que la novela es forma, y que por tanto la bondad de la historia que cuenta depende de la forma en que está contada. Dicho con más claridad: un acierto fundamental de Vargas Llosa consiste en recordarnos que la novela debe contar una historia apasionante, que nos emocione vivir imaginativamente, pero que sólo puede contarla dotándose de la máxima complejidad formal y la máxima tensión estilística.

La historia que cuenta *La ciudad y los perros* es relativamente simple; reducida a su esqueleto argumental, podría contarse como lo hace José Miguel Oviedo, cuya sinopsis me permito adaptar:

> Siguiendo el mandato del Círculo, una secta que impone el terror y la violencia en el colegio Leoncio Prado y cuyo jefe indiscutido es el temible Jaguar, el cadete Porfirio Cava roba una prueba de Química antes del día del examen. Se descubre el delito por un vidrio roto y las autoridades arrestan a los encargados de la vigilancia. El más afectado es un muchacho al que llaman el Esclavo (su verdadero nombre es Ricardo Arana),

que no puede salir a ver a su imposible novia Teresa. El Esclavo denuncia a Cava, que es expulsado del colegio. La sospecha de que hay un soplón en el grupo es general, pero obsesiona y enerva sobre todo al Jaguar, cuyo imperio exige el secreto y la fidelidad absoluta a un código de honor. En unas maniobras militares, el Esclavo recibe un balazo en la cabeza y muere poco después. Para el colegio, que teme las perjudiciales consecuencias del escándalo, la versión oficial establece que se trata de un accidente. Alberto (un niño bien del barrio de Miraflores, amigo del Esclavo) rompe con los pactos que lo unen al Círculo y, ante el teniente Gamboa, el hombre más recto y más duro de la institución, acusa al Jaguar del asesinato del Esclavo. Pero ahora los pactos de silencio incluyen también al colegio, a los profesores militares y a las mismas fuerzas armadas; Alberto cede a la presión de sus superiores y Gamboa no tiene más remedio que hacerlo también, así que no hay investigación y el caso se da por cerrado. En el epílogo de la novela, que transcurre después de que los cadetes hayan concluido su estancia en el colegio, vemos a los protagonistas readaptándose a la vida corriente: Gamboa parte a ocupar un puesto en una guarnición perdida de la sierra después de escuchar cómo el Jaguar le confiesa su crimen, y de no aceptar su confesión; Alberto reinicia su vida de burgués miraflorino; el Jaguar, desposeído de todo su antiguo poder, regresa a la sociedad como un simple empleado de banco y como esposo de Teresa.

Una historia relativamente simple, ya digo, convertida en una historia extraordinariamente compleja por la forma en que se cuenta. La cuestión, entonces, es cómo se cuenta.

4

Antes de responder a esa pregunta conviene responder a una pregunta previa. Vargas Llosa ha declarado muchas veces que su estancia adolescente en el Leoncio Prado, además de decidir su vocación de escritor y de abrirle los ojos sobre la enmarañada realidad étnica y social de su país, le proporcionó las experiencias con que escribiría su primera novela; la pregunta es: ¿significa esto que *La ciudad y los perros* es una novela autobiográfica? La respuesta es sí, por supuesto. Para empezar, porque todas las novelas lo son, al menos en la medida en que en ellas el novelista reelabora literariamente su experiencia personal –lo que ha vivido pero también lo que no ha vivido: sus sueños, sus lecturas, sus obsesiones– para dotarla de una significación universal. En *Cartas a un joven novelista* Vargas Llosa describe esta operación como un striptease invertido: «Escribir novelas sería equivalente a lo que hace la profesional que, ante un auditorio, se despoja de sus ropas y muestra su cuerpo desnudo. El novelista ejecutaría la operación en sentido contrario. En la elaboración de la novela iría vistiendo, disimulando bajo espesas y multicolores prendas forjadas por su imaginación, aquella desnudez inicial, punto de partida del espectáculo».

Pero, dicho esto, hay que añadir que en *La ciudad y los perros* el componente autobiográfico resulta quizá más visible que en cualquier otra novela de Vargas Llosa, si se exceptúa *La tía Julia y el escribidor* (donde, mediante un pionero dispositivo autoficcional, la biografía del autor pasa a ocupar el primer plano). Basta fijarse en lo que ocurre con los personajes. En sus memorias, tituladas *El pez en el agua*, el propio Vargas Llosa afirma que, aunque algunos personajes de *La ciudad y los perros* son totalmente inventados, la mayor parte constituyen «versiones muy libres y deformadas de modelos reales» (hay incluso algún trasunto ficticio sin apenas reelaborar de algún personaje real: es el caso de la prostituta Pies Dorados; y quizá tampoco esté muy lejos del ficticio profesor Fontana el César Moro real, gran poeta surrealista y, como aquél, profesor de francés del Leoncio Prado y blanco de la crueldad de los cadetes). Más aún: Vargas Llosa no lo dice, pero dos de los protagonistas de la novela comparten muchos rasgos biográficos con él; me refiero a Alberto Fernández y Ricardo Arana. Igual que Alberto, Vargas Llosa era conocido en el colegio militar como el Poeta (aunque a Vargas Llosa se le conocía también como Bugs Bunny y como el Flaco); igual que Alberto, Vargas Llosa escribía, a cambio de cigarrillos, novelitas pornográficas y cartas de amor, estas últimas a petición de los cadetes que no sabían escribir cartas de amor a sus novias; igual que Alberto, entre 1948 y 1950 Vargas Llosa hizo, durante los fines de semana, la vida de los adolescentes acomodados de Miraflores, una vida memorablemente recreada en la novela y consistente en jugar al fútbol, nadar en la piscina o correr olas en las playas de Miraflores, del club Regatas o de La Herradura, en asistir a misa de once y a las matinées de los cines Leuro o Ricardo Palma y en pasear más tarde por el parque Salazar.

Las similitudes entre la infancia y la adolescencia de Vargas Llosa y las de Ricardo Arana son todavía más acusadas. Igual que Vargas Llosa, Arana conoce a su padre a los diez años, tras haberse pasado la vida creyéndolo muerto; igual que Vargas Llosa, Arana es un niño mimado y consentido, «inocente como un lirio», que, hasta la reaparición de su padre, vive con su madre y con la familia de su madre; igual que Vargas Llosa, Arana entabla una guerra sorda con su padre, siente celos de él, se siente excluido de la relación entre él y su madre, se siente solo y añora a su familia y su vida anterior y odia Lima, la ciudad a la que sus padres lo llevan desde Chiclayo como a Vargas Llosa lo llevaron desde Piura; igual que el padre de Vargas Llosa, el padre de Arana es un energúmeno que maltrata y pega a su mujer, le maltrata y pega a él mismo, le obliga a conocer el rencor y el odio y el miedo y finalmente le inscribe en el Leoncio Prado para que los militares extirpen al niño caprichoso y engreído que todavía hay en él y lo conviertan, a base de golpes y disciplina, en un hombre o en lo que él considera que debe ser un hombre. Y no faltan episodios de la peripecia de Arana que parecen reproducir, apenas levemente transfigurados, episodios de la peripecia de Vargas Llosa; así, cuando se cuenta en la novela que Arana junta las manos y se arrodilla ante el Jaguar la primera vez que éste le pega, para que no siga pegándole, es imposible no recordar un pasaje no menos espeluznante de las memorias de Vargas Llosa: «Cuando [mi padre] me pegaba, yo perdía totalmente los papeles, y el terror me hacía muchas veces humillarme ante él y pedirle perdón con las manos juntas».

A la vista de estas coincidencias, algún lector chismoso podría deducir que, igual que la Pies Dorados o el profesor Fontana son en principio trasuntos ficticios de personas reales, Arana es en principio un trasunto ficticio de Vargas Llosa, o simplemente que Arana es Vargas Llosa, o que lo es Alberto; la deducción peca de escasa: la realidad es que Vargas Llosa es Arana y Alberto y el Jaguar y Gamboa y todos los demás personajes de *La ciudad y los perros* (incluidos por supuesto la Pies Dorados y Fontana), igual que Cervantes no es don Quijote ni Sancho Panza sino don Quijote y Sancho Panza y Sansón Carrasco y el Caballero del Verde Gabán y Dulcinea y todos los demás personajes del *Quijote*, porque los protagonistas de una novela son «yos hipotéticos» del autor, por decirlo como lo dice Milan Kundera, o, por decirlo como lo dice Unamuno y ha recordado Héctor Abad Faciolince, «yos ex futuros», es decir, «eso que no somos, pero que podríamos llegar a ser o que pudimos haber sido», posibilidades no realizadas de nosotros mismos.

Todo lo cual aboca a una conclusión. Si no me equivoco, fue en *García Márquez: Historia de un deicidio* donde Vargas Llosa argumentó por vez primera que para un novelista escribir una novela consiste en exorcizar sus demonios personales (personales o históricos o culturales), esas experiencias negativas de las que el autor se libra al plasmarlas, metamorfoseadas a través de la palabra y la forma, en una ficción; si es así, si Vargas Llosa tiene razón, entonces hay que leer *La ciudad y los perros* como un exorcismo mediante el cual su autor trató de hacer las paces con su infancia y su adolescencia, y sobre todo con la experiencia horrible pero literariamente enriquecedora –para Vargas Llosa sólo las experiencias horribles suelen ser literariamente enriquecedoras– de sus tres años en el Leoncio Prado.

5

Vuelvo a la pregunta por la forma.

Vargas Llosa se concibe a sí mismo como un escritor realista. Esto significa en síntesis que cada una de sus novelas aspira idealmente a construir una realidad ficticia tan potente y persuasiva como la realidad real, un mundo hermético fabricado con palabras en el cual encerrar bajo siete llaves al lector para hacerle vivir una experiencia vicaria aunque tanto o más intensa que la experiencia personal. Ése es el objetivo de Vargas Llosa, y a ese objetivo están subordinados la disposición formal y el entramado moral de todas sus novelas.

La disposición formal de *La ciudad y los perros* se halla en esencia gobernada por la duplicidad que el propio título anuncia, reforzada por un sistema de paralelismos y contrastes. La novela consta de dos partes y un epílogo; cada una de las dos partes está dividida en ocho capítulos, a su vez divididos en un número casi idéntico de secuencias: cuarenta la primera parte; treinta y ocho la segunda (el epílogo sólo contiene tres secuencias). La ciudad y el colegio son dos mundos a la vez complementarios y contrapuestos. Complementarios porque el colegio es un microcosmos o una metáfora de la ciudad (y, por extensión, del país): allí se reúnen gentes de todas las clases sociales, de todas las razas y todas procedencias (blancos, negros, indios, cholos, costeños, serranos); allí impera, concentrado y multiplicado por la disciplina militar, el mismo sistema de valores hipócrita, machista, feroz y sin escrúpulos y la misma visión del mundo brutal y férreamente jerarquizada que domina en la ciudad. Contrapuestos porque, para los cadetes, el colegio es el presente y la adolescencia, mientras que la ciudad es la infancia y el pasado, y porque a su modo todos viven una vida de permanente impostura (recuérdese el título primitivo del libro: *Los impostores*), todos juegan a ser lo que no son (recuérdese la cita inicial del *Kean* de Sartre: «Se juega a los héroes porque se es cobarde y a los santos porque se es malvado...») y todos o casi todos los protagonistas tienen dos nombres y parecen llevar una doble vida: a través de periódicos flash backs sabemos que el Esclavo, que en el colegio es el hazmerreír y la víctima de sus compañeros, en la ciudad se llama Ricardo Arana y es sólo un muchacho sensible, inadaptado a la capital y atemorizado por su padre; sabemos que el Poeta, que en el colegio es un blanquito lleno de astucia y millonario en dobleces, en la ciudad se llama Alberto Fernández y es sólo un burgués miraflorino con una familia desestabilizada y todas las ambiciones de los burgueses miraflorinos; sabemos que el Jaguar, que en el colegio es el líder del Círculo y como tal impone su autoridad indiscutida entre sus compañeros, en la ciudad no se llama el Jaguar y no es más que un chaval pobre destinado a convertirse en carne de cañón, un pequeño maleante finalmente huérfano y siempre enamorado de Teresa.

Este ficticio mundo dual es a menudo también un mundo invertido, donde nada es lo que parece o donde todo parece lo que no es (así, los tipos en apariencia más duros son en el fondo los más tiernos, como revela la relación del Jaguar y el teniente Gamboa con sus respectivas mujeres), y donde los hombres se animalizan y se humanizan los animales: los cadetes novatos se conocen como perros, y novatos y veteranos se identifican con pájaros, con arañas o con larvas, tienen miradas de ardillas, relinchan, bufan, gruñen, maúllan, ladran y al formar las compañías parecen rebaños, y hay oficiales y suboficiales que tienen hocico y «ojos hundidos y sin vida de batracio» y son comparados con sapos y apodados «rata», mientras que, por el contrario, la vicuña que pulula a todas horas por las instalaciones del colegio contempla a los cadetes con una mirada compasiva, casi humana, y la perra Malpapeada —que «no comprende las cosas pero a veces parece que comprende» y que en ocasiones les parece a los cadetes a punto de echarse a hablar— ejerce a todos o casi todos los efectos como novia y confidente del Boa.

Por lo demás, el principio formal de duplicidad se convierte en un principio de multiplicidad cuando se trata de los registros lingüísticos y los discursos narrativos, dotando de este modo a la novela de una extraordinaria riqueza verbal y estructural y al mundo imaginado de una complejidad que aspira a la complejidad de lo real. La historia está contada fundamentalmente desde tres puntos de vista distintos: uno externo, otro interno y otro mixto. El punto de vista externo es el dominante; gracias a un narrador en tercera persona y en apariencia objetivo, conocemos la mayor parte de lo que ocurre en la novela, él es quien nos presenta al Jaguar (un personaje que parece visto siempre desde fuera) y quien recrea, con un encarnizamiento descriptivo y una impasibilidad flaubertianos, la Lima y el Leoncio Prado reales para erigir en la novela sus réplicas ficticias: las calles, las casas y los habitantes de esa ciudad gris, pobre y sucia donde cae a perpetuidad la llovizna; los muros del colegio, las cuadras de los cadetes repletas de literas, el patio, la pista de desfile, el descampado, el local de Paulino al final del descampado, entre el comedor y las aulas... El punto de vista interno es el que gobierna la presentación del Boa y la visión que, gracias al relato en primera persona del Boa, se nos ofrece de diversos episodios de la vida en el colegio. El punto de vista mixto corresponde a los dos aparentes protagonistas de la novela: Alberto, en especial, pero también el teniente Gamboa, cuyas peripecias conocemos a través de una tercera persona y, sobre todo en el caso de Alberto, a través del discurso indirecto libre y el monólogo interior. Cada uno de estos puntos de vista se encauza a través de un narrador distinto que usa un registro lingüístico también distinto, pero las hablas de la novela no se agotan ahí; puesto que aspira a ser un reflejo verbal de la realidad, la novela intenta recrear las múltiples hablas que habitan la realidad: el habla aséptica del narrador en tercera persona, el habla salvaje de los cadetes, llena de insultos y de expresiones populares, el habla burguesa de los muchachos y las familias de Miraflores, el habla rota, distorsionada e irracional del Boa, etcétera. Es el diálogo entre los diversos registros lingüísticos y las diversas perspectivas adoptadas por la narración, así como el permanente contrapunto dramático creado por las múltiples dualidades que vertebran la historia, aquello que dota a la novela de toda su potencia persuasiva y legitima su desmedida ambición de constituirse en un universo tan convincente como aquel en el que vivimos.

6

Lo hemos visto: existe cierto tipo de novelas cuyo centro es una pregunta y cuyo desarrollo es un vano intento de responderla de manera taxativa. Son las novelas del punto ciego. En el fondo, la pregunta que plantean estas novelas es siempre parecida porque es siempre moral, es decir, porque atañe a la naturaleza y el comportamiento de los hombres, a la infinita complejidad de lo humano; en la superficie, sin embargo, la pregunta es siempre distinta: puede ser meramente clínica (¿Está don Quijote loco de verdad?), metafísica (¿Qué significa de verdad la ballena blanca?) o judicial (¿De qué se acusa a Josef K.?); también policíaca, como ocurre en *La ciudad y los perros*, donde la pregunta central parece ser la siguiente: ¿quién mató al Esclavo, quién mató a Ricardo Arana? La respuesta a esas diversas preguntas de superficie es siempre también parecida: la respuesta es que no hay respuesta; o, si se prefiere, la respuesta es la propia búsqueda de una respuesta, la propia pregunta, el propio libro: una respuesta esencialmente irónica, equívoca, ambigua y contradictoria, el único tipo de respuesta que puede permitirse una novela. Esa respuesta sin respuesta es el punto ciego. Ya sabemos cuál es la respuesta a la pregunta de *Don Quijote*, *Moby Dick* y *El proceso*; ahora bien, ¿cuál es la respuesta a la de *La ciudad y los perros*? ¿Carece esa pregunta de respuesta? ¿No sabemos, no podemos saber quién mató al Esclavo? ¿Es también la primera novela de Vargas Llosa una novela con punto ciego, a pesar de su vocación realista y de que las novelas realistas parecen en principio refractarias al punto ciego, o como mínimo poco proclives a él?

De entrada no lo parece. De entrada tenemos buenas razones para pensar que el Jaguar ha asesinado al Esclavo: el Jaguar es un cadete que se comporta de forma brutal con sus compañeros, a quien todos temen y algunos consideran casi diabólico; el Jaguar es el líder del Círculo y está dispuesto a cumplir y hacer cumplir un código de honor de acuerdo con el cual ser un soplón es «lo más asqueroso que puede ser un hombre»; el Jaguar estalla de furia cuando se sabe que un soplón ha denunciado a Cava y que, a causa de ello, su compañero será expulsado del colegio; el Jaguar considera un esclavo al Esclavo, él lo bautizó así y lo trata como a un Esclavo, y precisamente era el Jaguar quien corría detrás del Esclavo durante las maniobras en las que éste murió de un disparo en la cabeza; en el epílogo de la novela, en fin, el Jaguar le confiesa su crimen al teniente Gamboa. Estos indicios, muy poderosos, acusan al Jaguar, pero no bastan para condenarlo; sobre todo porque otros indicios no menos poderosos lo excusan: en realidad el Jaguar es tan impostor como sus compañeros, juega a ser el Jaguar igual que Alberto juega a ser el Poeta, y a fin de cuentas es mucho menos duro de lo que aparenta; el Jaguar resulta muy convincente cuando niega ante Alberto haber asesinado al Esclavo y todavía más cuando, poco después, jura que él ni siquiera sabía que el Esclavo fuese el soplón, hasta el punto de que el propio Alberto le pide disculpas por haber creído que él era el asesino y haberle denunciado; y, en cuanto a la confesión ante Gamboa, el Jaguar puede decir la verdad, claro está, pero también puede mentir (y de ahí quizá que Gamboa no acepte su confesión): cabe la posibilidad en efecto de que el Jaguar se acuse a sí mismo del asesinato del Esclavo para darles una lección a sus compañeros, demostrándoles que es superior a ellos porque ellos lo traicionaron a él pero él nunca los traicionó a ellos, sino que les fue leal hasta el extremo de cometer un crimen para hacerle justicia al Cava y librarlos de un soplón; y también cabe la posibilidad de que el Jaguar se acuse falsamente del asesinato del Esclavo para sacrificarse por Gamboa, porque su código del honor le obliga a salvar al teniente, que se ha perdido por su culpa porque por su culpa ha perdido un ascenso y ha sido expulsado a la sierra.

¿Quién mató al Esclavo, quién mató a Ricardo Arana? La respuesta es que no hay respuesta: la respuesta es la propia búsqueda de una respuesta, la propia pregunta, el propio libro. La respuesta es un punto ciego.

7

Pero ésa es sólo la respuesta a la pregunta superficial, la pregunta policíaca. ¿Cuál es la respuesta a la pregunta profunda, la pregunta moral, la que refulge en el centro del libro? Antes: ¿cuál es esa pregunta? Resulta imposible formularla sin describir el entramado moral de la novela, y resulta imposible describir el entramado moral de la novela sin dibujar los destinos paralelos y contrapuestos de Alberto y del teniente Gamboa.

Ambos son en apariencia, ya lo anuncié, los protagonistas del libro. Conocemos en parte a Alberto. Hijo de una madre frívola y meapilas y de un padre tarambana, Alberto es en la ciudad un burgués miraflorino con un próspero porvenir, pero en el colegio –adonde su padre lo mandó para acabar de enderezarlo– es básicamente un hipócrita, un cínico, el Poeta que se protege de las agresiones de sus compañeros a base de sarcasmos e ironías, tras el escudo de las palabras. Como los demás cadetes, Alberto humilla y maltrata al Esclavo, pero, a diferencia de los demás cadetes, él comprende muy bien que lo que hace es vil y, cuando se enamora y empieza a salir con la novia del Esclavo, su mala conciencia se dispara y le lleva a hacerse su amigo y protegerlo. La muerte del Esclavo termina por un tiempo con la mascarada de Alberto y provoca en él un fogonazo de dignidad. Mortificado por los remordimientos, avergonzado de lo que él y sus compañeros han hecho con el Esclavo, convencido de que fue el Jaguar quien lo mató, Alberto denuncia la verdad de la vida cotidiana de los cadetes (los robos de exámenes, las timbas, las fugas, los cigarrillos y el licor) y sobre todo el crimen del Jaguar. Lo hace ante Gamboa y después ante el capitán, quien, aterrado por la perspectiva de una investigación, le ordena que olvide la denuncia. Alberto aguanta las presiones del capitán: insiste en denunciar los hechos, insiste en pedir que se aclare todo; pero, cuando el capitán le lleva ante el coronel, Alberto ya no aguanta más: el coronel exige que demuestre lo que dice con pruebas que no tiene y sobre todo le enseña las novelitas pornográficas que escribía y le amenaza con enseñárselas a su familia, con expulsarlo del colegio y arruinar su futuro. Así que Alberto no presenta ninguna denuncia, acepta callarse, acepta rendirse y corromperse. El epílogo de la novela nos muestra lo que obtiene a cambio de esa corrupción: nos muestra a Alberto, una vez concluido sin problemas el colegio, rodeado de sus ricos, alegres y ociosos amigos de Miraflores, acompañado por una novia de su clase (no como la humilde Teresa, la novia del Esclavo), preparándose para estudiar ingeniería en Estados Unidos y habiendo recuperado un porvenir esplendoroso, apenas perturbado por el recuerdo menguante de sus tres años de horror en el colegio, de su propia cobardía y su propia depravación. Por eso hablaba antes de un fogonazo: el destino de Alberto es haber vivido, como dice el verso de Vicente Aleixandre, «entre dos oscuridades, un relámpago».

El destino del teniente Gamboa es opuesto. Alto, atlético y poderoso, Gamboa es un oficial ejemplar: al contrario que sus mandos y compañeros, se sabe de memoria el reglamento, cree al pie de la letra en los valores militares –la jerarquía, la disciplina, el cumplimiento del deber– y los practica sin vacilaciones; como sus mandos y compañeros, es duro con los cadetes, pero, al contrario que sus mandos y compañeros, sabe ser flexible y generoso y posee verdadero prestigio y autoridad sobre ellos, de tal manera que sus subordinados se sienten orgullosos de servir a sus órdenes. Igual que a Alberto, a Gamboa le aguarda un futuro prometedor: es joven e inteligente, su hoja de servicios permanece intacta, acaba de casarse y está a punto de tener un hijo y de ascender a capitán; igual que a Alberto, a Gamboa la muerte del Esclavo le abre los ojos, pero, a diferencia de Alberto, él se niega a volver a cerrarlos, y esa valentía termina cancelando su futuro. Así es: cuando Alberto le describe la vida secreta que llevan los cadetes y denuncia el asesinato del Esclavo, Gamboa le conduce ante el capitán para que éste ordene una investigación; y, cuando el capitán se niega a investigar, Gamboa se enfrenta a él: lo hace por principios, por fidelidad al ejército y a los valores del ejército, lo hace porque juzga que en el ejército el escándalo es menos importante que la justicia y la verdad, lo hace porque considera que el ejército es la única institución sana del país. Por supuesto, Gamboa es un idealista, un ingenuo, y se equivoca: el ejército está tan corrompido como el resto de la sociedad, y los valores militares no son más que una fachada que oculta un interior cínico, rapaz y degenerado. Gamboa empieza en seguida a intuir todo esto y, a pesar de que sus superiores desean echar tierra sobre el asunto, él sigue adelante hasta que Alberto da marcha atrás y el caso se extingue. Para entonces su tragedia se ha consumado, y al final del libro vemos a Gamboa partiendo al exilio, castigado por osar enfrentarse a sus superiores, sin horizonte vital ni profesional; para entonces Gamboa es un desengañado: comprende que él también ha vivido en una farsa, en una impostura, que en el colegio y en el ejército la ética militar es sólo un embeleco brillante tras el que se oculta una sucia realidad, que la milicia no practica las virtudes que dice defender y que él siempre practicó además de defender, lo imaginamos incluso abandonando en el futuro su carrera. «Si es hombre —se promete con melancolía Gamboa, pensando en su hijo inminente— no será militar.» Gamboa encarna en la novela la dignidad del fracaso: fracasa, pero secretamente su fracaso es un triunfo; Alberto es su perfecta contrafigura: triunfa, pero secretamente su triunfo es un fracaso. He aquí otra paradoja: poco después de que *La ciudad y los perros* se publicase, las autoridades militares quemaron como castigo simbólico, en el patio del Leoncio Prado, algunos ejemplares de la novela, y desde el principio el libro fue leído como un alegato antimilitarista, pero lo cierto es que el héroe más puro de esta novela es un militar, un militar capaz de demostrar con su comportamiento que, en una institución podrida, reflejo de una sociedad podrida, el éxito auténtico reside en la derrota.

El héroe más puro, he dicho, pero no el único; ni tampoco el más importante (aquel en el que quizá pensaba Vargas Llosa cuando manejaba como título *La morada del héroe*): si Gamboa fuera el héroe neurálgico de la novela, y el entramado moral del relato se redujese por tanto al contraste entre la peripecia del teniente y la de Alberto, *La ciudad y los perros* sería una buena novela, pero no sería una obra maestra; si lo es, y a mi juicio no hay duda de que lo es, lo es porque su verdadero héroe es el Jaguar, y porque el destino del Jaguar —o más bien la incertidumbre sobre el destino del Jaguar, sobre la responsabilidad del Jaguar en el asesinato del Esclavo— dota al libro de una perturbadora ambigüedad moral y una profundidad de vértigo.

Esto último no ocurre hasta el remate de la novela, cuando empezamos a comprender que el Jaguar —no por nada el personaje que abre y cierra el relato— es el auténtico protagonista de *La ciudad y los perros*, y cuando empezamos a darnos cuenta de que nunca podremos decidir sin lugar a dudas si el Jaguar mató o no al Esclavo; o lo que es lo mismo: cuando advertimos que el narrador, mediante esa incertidumbre central, mediante ese punto ciego narrativo, ha depositado en nuestras manos la respuesta a la pregunta básica de la novela. Hasta entonces, hasta el mismísimo epílogo, el narrador ha escamoteado el dato decisivo del protagonismo del Jaguar, de manera que durante toda la primera parte y la mayoría de la segunda el Jaguar ha sido para nosotros un personaje relevante pero secundario, a quien siempre vemos, desde fuera y desde lejos, como un muchacho monstruoso, de un salvajismo y una crueldad sin límites, porque el narrador nos oculta incluso que él es también la voz anónima, sensible y atemorizada que nos ha estado hablando desde el principio de la novela de su amor por Teresa (la novia futura del Esclavo y de Alberto) y de su paulatina entrada en el submundo del hampa limeña.

Todo esto cambia a medida que se acerca el final del libro y el Jaguar adquiere poco a poco una estatura moral insospechada, de la que se tiñe retrospectivamente nuestra entera visión del personaje: primero, cuando se enfrenta de tú a tú a Gamboa y niega de forma tajante haber matado a nadie; luego, cuando prefiere pelearse con todos sus compañeros, que éstos le arrebaten su antiguo poder, lo consideren un soplón y lo condenen a la soledad y el ostracismo antes que convertirse en un soplón contándoles que no ha sido él sino Alberto el responsable de que los arresten a todos por revelar sus actividades clandestinas, que es más o menos el momento en que nosotros comprendemos también que el Jaguar es un extraño descendiente perverso de los protagonistas de los libros de caballerías –tan caros a Vargas Llosa en especial por los años en que escribía la novela–, un caballero andante fiel sin condiciones a un código moral parecido al de los caballeros andantes medievales, hecho de reglas inflexibles de honor y coraje y venganza y lealtades y traiciones y castigos; sobre todo conquista el Jaguar su estatura heroica al final, cuando consigue conmovernos profundamente: nos conmueve que este adolescente atroz o que casi hasta entonces nos ha parecido atroz comprenda con dolorosa lucidez el horror del asesinato del Esclavo –si es que lo cometió él– y –si es que no lo cometió– nos conmueve que, para intentar salvar a Gamboa, intente sacrificarse acusándose de un crimen del que es inocente; nos conmueve su lealtad a Teresa, su lealtad al flaco Higueras, su lealtad vengativa y hasta el fin a sus compañeros del Leoncio Prado, su feroz lealtad a una ética caducada del honor y la venganza, caducada y por ello mismo monstruosa. De ahí la ambigüedad ética del personaje, nuestra conmoción y nuestro vértigo; cosas todas ellas que no surgen de lo que sabemos de él, sino de lo que ignoramos: el narrador no nos aclara si el Jaguar asesinó al Esclavo y por tanto es un villano monstruoso, o si no lo mató y por tanto, a pesar de todo, es un héroe, o acaba siéndolo. A través de esa incertidumbre argumental, gracias a esa oscuridad o ese vacío, el Jaguar se erige en una contradicción ambulante, en una ironía viva, como don Quijote o Moby Dick: el Jaguar personifica al mismo tiempo, en la novela, a un héroe y a un villano, y sólo el lector puede decidir, soberanamente, si es una cosa o la otra, o si es ambas cosas a la vez (y en qué medida es una y la otra); a través de ese punto ciego, Vargas Llosa dice lo mejor que tiene que decir en *La ciudad y los perros*, gracias a ese silencio nos coloca en una encrucijada embarazosa, es decir nos descoloca y nos inquieta y pone en duda nuestras certezas morales, obligándonos a mirar la realidad y a mirarnos a nosotros mismos de un modo distinto y más complejo y ambivalente, obligándonos a sentir cosas que nos incomoda sentir.

Porque, aunque hayamos decidido que el Jaguar es un repugnante asesino, o una mezcla de héroe y de asesino repugnante, al final de *La ciudad y los perros* no podemos evitar reconocerle una cierta grandeza, sentir una solidaridad emocional con él, un muchacho que tal vez ha asesinado a otro y al que habíamos visto hasta entonces casi como una encarnación del mal (y que lo es o lo fue, al menos en algún momento); y sentimos eso porque sentimos también que en su perfecta fidelidad a una ética equivocada hay una pureza que nos interpela y nos perturba, y que acaba de algún modo salvándolo. A diferencia de Gamboa, al final el Jaguar no es un fracasado: su integridad, aunque haya sido una integridad maligna, le acaba entregando el amor de Teresa y una modesta vida feliz como empleado de banca; igual que Gamboa, al final el Jaguar comprende que él también ha vivido en una farsa, de acuerdo con unos valores falsos o falsificados o pervertidos; igual que Gamboa, el Jaguar es un idealista y su destino paradójico y contradictorio plantea, gracias a la incertidumbre central que lo define en la novela –gracias al punto ciego–, una pregunta que es la pregunta capital de la novela, sólo que él la plantea de una forma mucho más contundente y más compleja que Gamboa.

Formulada en términos abstractos, inevitablemente toscos, la pregunta podría ser la siguiente: ¿basta la fidelidad sin fisuras a una determinada escala de valores para actuar de manera correcta, para alcanzar algún tipo de decencia moral, alguna clase de salvación ética, o no basta con ello y es necesario además que los valores que uno defiende o en los que cree sean correctos y la fidelidad a ellos no produzca resultados negativos o simplemente catastróficos? [5]

Ésa es la pregunta profunda que refulge en el centro de *La ciudad y los perros*, el primer interrogante novelesco formulado por Vargas Llosa. Vale decir que también es el último, porque

---

5. Vargas Llosa ha contado más de una vez que, a raíz de la publicación en Francia de *La ciudad y los perros*, Roger Caillois le preguntó quién, a su juicio, había matado al Esclavo; su respuesta fue: el Jaguar. Entonces Callois, como si fuera el editor de *El Gatopardo* y le estuviera exigiendo a Lampedusa que no aclarase a quién amaba Tancredi, le dijo a Vargas Llosa: «¡No! ¡Por favor, cállese eso! ¡Usted no sabe quién mató al Esclavo!». Por supuesto, Callois tenía razón: en primer lugar, porque, dijera lo que dijera su autor, con la novela en la mano hay tantas razones para sostener que el Jaguar mató al Esclavo como para sostener que no lo hizo; y, en segundo lugar, y sobre todo, porque Callois entendió que, si Vargas Llosa hubiera despejado la ambigüedad dejando claro que el Jaguar de verdad mató al Esclavo, la novela sería una buena novela, pero sin despejar la ambigüedad es mucho mejor: como acabamos de ver, es su punto ciego lo que dota a *La ciudad y los perros* de su extraordinaria complejidad y lo que le permite explorar la incierta zona de sombra donde se cruzan el heroísmo y la abyección, la integridad moral y el crimen. La anécdota de Caillois demuestra por lo demás que *La ciudad y los perros* es una de esas novelas realistas, a las que aludía páginas atrás, en las que el punto ciego está como a contrapelo del autor –sin que éste parezca haberlo buscado o sin que sea del todo consciente de él–, o incluso en las que, como en *El Gatopardo*, el autor ha querido suprimir el punto ciego, obedeciendo a la lógica abstracta de la novela realista y no a la lógica concreta de su propia novela. Tal vez esta incomodidad con el punto ciego delate una cierta desazón con la estética realista a la que tanto Vargas Llosa como Lampedusa pretendían ser fieles; tal vez no sea del todo casual que ambas novelas sean casi contemporáneas (la de Lampedusa es apenas cuatro años anterior a la de Vargas Llosa) y que ambas se publiquen en un momento de descrédito del realismo.

es el interrogante que, aunque formulado de un modo por completo distinto, refulge igualmente en el centro de *El sueño del celta* o incluso de *El héroe discreto*, las dos últimas novelas de Vargas Llosa: el Jaguar y Roger Casement —a su modo también Felícito Yanaqué y el teniente Gamboa— son dos de los grandes idealistas, dos de los grandes puros y fanáticos de los que se sirve el novelista peruano para plantearse el mismo interrogante.

Pero sólo dos de ellos: en su obra hay muchos más. Cualquier lector de Vargas Llosa recordará, en efecto, que las novelas de éste se hallan plagadas de esa clase de héroes equívocos, hombres imbuidos de una misión, poseídos por una fe irrompible en un ideario, consumidos por una pasión devoradora, dispuestos a arder en el altar de una causa, ya sea ésta la causa de la anacrónica ética caballeresca del Jaguar o la causa nacionalista y justiciera de Roger Casement, ya sea ésta la causa de la literatura o de la emancipación de los oprimidos, de la revolución política o de la fe religiosa, ya se llamen, quienes encarnan esos credos con celo de apóstol, Pedro Camacho (en *La tía Julia y el escribidor*) o Flora Tristán (en *El paraíso en la otra esquina*), Alejandro Mayta (en *Historia de Mayta*) o el Consejero y sus innumerables seguidores de Canudos (en *La guerra del fin del mundo*). Del mismo modo que Cervantes formula en el *Quijote* la pregunta irresoluble de la irresoluble contradicción entre la locura y la cordura y Melville formula en *Moby Dick* la pregunta irresoluble de la irresoluble contradicción entre el Bien y el Mal, en esas obras Vargas Llosa formula de modos distintos, con infinidad de matices y modulaciones distintos, la pregunta irresoluble de la irresoluble contradicción entre la nobleza y la indignidad o entre el idealismo y el fanatismo, una pregunta que en definitiva atañe a la naturaleza, los límites, las virtudes y las contraindicaciones de lo que Max Weber llamó la «ética de la convicción», esa ética absoluta que no se ocupa de las consecuencias de los actos sino sólo de la bondad de los actos. Si bien se mira, es una pregunta muy parecida a la que Vargas

Llosa se hace con mucha frecuencia en su obra ensayística; la pregunta es muy parecida pero la respuesta es muy distinta: mientras en su obra ensayística, donde habla directamente de la realidad, Vargas Llosa da respuestas claras, contundentes e inequívocas a la pregunta –alabando la nobleza del idealismo y condenando todo fanatismo excepto el de la creación, así como todo intento de reducir la complejidad de lo real a los esquematismos ideológicos o religiosos–, en sus novelas, donde habla de la realidad mediante la ficción, Vargas Llosa no da respuestas sino que plantea una y otra vez, con la mayor energía, refinamiento y hondura de que es capaz, mediante distintas preguntas superficiales, la misma pregunta profunda, sólo que en sus novelas la respuesta es la propia búsqueda de respuesta, la propia pregunta, el propio libro. O dicho de otro modo: dado que la misión de las novelas no consiste en contestar preguntas sino en formularlas de la manera más compleja posible, quizá pueda leerse gran parte de la obra de Vargas Llosa como un largo, obsesivo, inacabado e inacabable intento de formular de la manera más compleja posible la pregunta central de *La ciudad y los perros*. Esa pregunta es la pregunta de Vargas Llosa.

CUARTA PARTE

EL HOMBRE QUE DICE NO

1

Goethe observó que hay que tener mucho cuidado con lo que se quiere ser de mayor, porque puede acabar consiguiéndose. Desde luego, lleva razón, pero ¿qué hay de lo que de ninguna manera se quiere ser de mayor? ¿Acaso no hay que tener cuidado también con ello? ¿Acaso no puede acabar consiguiéndose, precisamente porque quería evitarse?

En lo que sigue abordaré un asunto terriblemente pasado de moda; tan pasado de moda que, en realidad, ni siquiera sé muy bien cómo formularlo: «la responsabilidad del escritor» suena pomposo, aunque no más que «la vigencia de la figura del intelectual»; «el compromiso del escritor» o la «literatura comprometida» suena antediluviano. De hecho, todas esas expresiones empezaban ya a sonar pomposas y antediluvianas hace treinta y cinco años, cuando yo cumplía dieciocho y, justo a la semana siguiente, moría en su casa de la calle Edgar-Quinet, en el barrio de Montparnasse de París, Jean-Paul Sartre, quizá el gran intelectual francés del siglo XX y sin duda la encarnación perfecta del escritor comprometido. Para mí, sin embargo, Sartre era por entonces lo contrario de un escritor, o por lo menos lo contrario del escritor que yo hubiese querido ser.

No es difícil explicar las razones de esa aversión. En 1980, cinco años después de la muerte de Franco, yo era un adolescente extremeño trasplantado a Cataluña que se había pasado su infancia católica viendo la televisión, jugando al tenis y leyendo tebeos, novelas de aventuras y libros de historia, y que en algún momento había decidido por puro instinto combatir las angustias de la adolescencia y el desconcierto del desarraigo sustituyendo la religión por la literatura y abandonándolo todo o casi todo por ella, incluidos los tebeos, la televisión y el tenis; mi familia no era libresca, yo no conocía a ningún escritor y, aunque compartía lecturas con amigos del barrio, carecía de consejeros, así que en mi mesilla de noche se alternaban, en un desorden total, Dostoievski y Oscar Wilde, Melville y Thomas Mann, Isaak Asimov y J. R. R. Tolkien, Edgar Allan Poe, Hermann Hesse y los escritores del modernismo español: Unamuno, Azorín, Baroja, Valle-Inclán, Antonio Machado. Hasta que descubrí a Borges. Y luego a Kafka. Y en seguida a un grupo numeroso de narradores latinoamericanos, de Vargas Llosa a García Márquez, de Cortázar y Rulfo a Bioy Casares y Cabrera Infante. Y empecé a soñar –vagamente, tímidamente: era como soñar con ser astronauta– con ser escritor. Un escritor, como digo, muy diferente de Sartre, si no del todo opuesto a él. Y eso que en aquella época yo apenas conocía la obra de Sartre: había visto representadas algunas de sus obras teatrales, que no me habían gustado; había leído con más esfuerzo que placer los tres volúmenes de *Los caminos de la libertad* y, con más placer que esfuerzo, *La náusea* y *Las palabras*; también había leído algunos de sus ensayos, pero no sus grandes libros filosóficos, y apenas había hojeado *¿Qué es la literatura?*, quizá convencido de que no tenía el menor interés. Así que lo que me molestaba de Sartre no podía ser su obra, por mucho que me aburriese o me disgustase; lo que me molestaba era su figura, o más bien la idea que, de forma un tanto aproximativa o impresionista, me había hecho de él desde mi periferia indocumentada de chaval de provincias: un mandarín arbitrario y despótico, más conocido por sus caprichosos bandazos políticos y por su apoyo a regímenes totalitarios que por su obra literaria, un tirano intelectual, solemne y presuntuoso, un pesado escritor realista de segunda categoría que, para desgracia de la literatura, pero también de la política, predicaba la obligación de subordinar la literatura a la política. No conocía demasiado bien la trayectoria intelectual y política de Sartre, pero ésa era la penosa y sucinta idea que tenía de él, y, como Sartre era el prototipo del intelectual y el escritor comprometido, eso eran para mí los escritores comprometidos y los intelectuales: individuos a quienes importaba muy poco la literatura (o a quienes importaba mucho menos que la política, suponiendo que les importase la política), gente frívola e irresponsable que hablaba de todo sin saber de nada, arribistas que usaban las buenas causas para hacer carrera literaria y que firmaban sin parar manifiestos ornamentales y escondían su incapacidad literaria y su desprecio por la literatura tras su frenesí hipócrita de activistas. En cuanto a la subordinación de la literatura a la política, yo hubiera aprobado de pe a pa unas palabras que el 22 de julio de 1966, justo después de terminar *Cien años de soledad*, García Márquez escribía en una carta a su amigo Plinio Mendoza: «Pensando en política, el deber revolucionario de un escritor es escribir bien (...) la literatura positiva, el arte comprometido, la novela como fusil para tumbar gobiernos, es una especie de aplanadora de tractor que no levanta una pluma a un centímetro del suelo. Y para colmo de vainas, ¡qué vaina!, tampoco tumba ningún gobierno».

Esa literatura positiva era lo contrario de lo que yo quería escribir, y Sartre, insisto, lo contrario de lo que yo quería ser. Ahora bien, ¿qué es lo que yo quería ser? ¿A qué clase de escritor aspiraba a emular? ¿Qué clase de literatura soñaba con escribir? No lo sé con exactitud, porque uno sólo sabe lo que quiere escribir cuando ya lo ha escrito. Pero es curioso: en 1980, el año de la muerte de Sartre, John Barth publicó en *The Atlantic Monthly* un ensayo titulado «La literatura de la reactivación (ficción posmoderna)»; yo sólo lo conocí tres años más tarde, cuando lo tradujo al catalán Quim Monzó –el introductor del posmodernismo narrativo en Cataluña–, junto con otro ensayo de Barth, anterior pero conectado a éste, en el que el escritor estadounidense hablaba sobre todo de Borges: «La literatura del agotamiento». En todo caso leí esos dos textos casi como un manifiesto de una nueva literatura: la literatura posmoderna. ¿Era ésa la literatura que yo quería escribir? Creo que sí. ¿Y cómo era esa literatura nueva? Ya digo que no lo tenía demasiado claro —y Barth, por fortuna, tampoco lo aclaraba demasiado—; sólo sabía o intuía que debía ser antirrealista, antisolemne, antisentimental, irónica, metaliteraria, irreverente, incluso cínica; también, que debía concebirse a sí misma como un juego, aunque, como yo seguía sintiendo que la literatura era una cosa absolutamente seria, el juego debía ser un juego en el que uno se lo jugaba todo; sobre todo, y por más que me interesasen la política y la historia, debía ser una literatura pura, exenta de adherencias políticas y concesiones ideológicas. Mis héroes eran los narradores latinoamericanos, siempre que se olvidasen de su deuda con Sartre y de sus compromisos políticos, o siempre que los extirpasen de sus novelas. Mis héroes eran los narradores posmodernos estadounidenses ensalzados por Barth, incluido el propio Barth (y también alguno no estadounidense, como Italo Calvino). Mi héroe era Borges, que parecía ignorar con olímpico intelectualismo la política y la realidad, ajeno a la historia, encerrado en su biblioteca infinita. Mi héroe era Kafka, tan desinteresado por cuanto no fuera la lucidez vertiginosa de sus propias pesadillas, tan absorto en ellas, que el 2 de agosto de 1914, después de saber que acababa de desatarse un terremoto bélico que cambiaría la faz del mundo, se marchó tranquilamente a nadar antes de escribir aquella noche en su diario: «Alemania ha declarado la guerra a Rusia. —Tarde, escuela de natación».

Todo esto quedaba o parecía quedar en las antípodas de Sartre, de la figura del intelectual y de la literatura comprometida, o al menos de las ideas que por entonces yo tenía de los tres. Dicho lo anterior, es natural que mis dos primeros libros, *El móvil* y *El inquilino*, puedan leerse como libros casi prototípicamente posmodernos, y no extrañará que cuando se publicó el primero de ellos, en 1987, me marchara a Estados Unidos con la secreta intención de convertirme en un escritor estadounidense posmoderno; tampoco extrañará que, como cualquier joven escritor o aspirante a escritor, en aquella época yo luchara por construirme una tradición propia, exclusivamente mía, y que, para ello, escribiera mi tesis doctoral sobre un singularísimo escritor español mucho más conocido entonces y quizá todavía como cineasta que como escritor, un radical y aislado pionero literario, el primer escritor posmoderno de mi país: Gonzalo Suárez; ni desde luego parecerá raro que, en los años noventa, ironizara a mansalva sobre la literatura y los escritores e intelectuales comprometidos, hasta el punto de que no me hubiese costado ningún trabajo suscribir estas palabras escritas en 1992 por Tony Judt al final de un duro ensayo sobre la irresponsabilidad y la inmoralidad de los grandes intelectuales franceses de la primera posguerra, empezando por Sartre: «Una negativa a ocupar el puesto del intelectual tal vez sea el más positivo de cuantos pasos pueden dar los pensadores modernos en su empeño por llegar a un acuerdo con su propia responsabilidad en nuestro pasado reciente y común».

Lo que sí extrañará, en cambio, es algo que ocurrió a mediados de 2001. A principios de aquel año se había publicado mi cuarta novela, *Soldados de Salamina*, y, en septiembre, Mario Vargas Llosa publicó un elogio desmesurado de ella, que me dejó perplejo. Lo que me dejó perplejo no fue, claro está, el elogio en sí, aunque fuera desmesurado; como escribió Jules Renard, «cuando alguien me hace un elogio no necesita repetírmelo dos veces: lo entiendo a la primera». No: lo que me dejó perplejo fue el motivo principal del elogio. Al terminar su artículo, en efecto, Vargas Llosa afirmaba: «Quienes creían que la llamada literatura comprometida había muerto deben leerlo [*Soldados de Salamina*] para saber qué viva está, qué original y enriquecedora es en manos de un novelista como Javier Cercas». Yo no conocía a Vargas Llosa personalmente, pero era uno de los héroes literarios de mi juventud y —sobre todo después de aquel artículo que contribuyó de manera decisiva a convertir en un best seller un libro destinado a tener a un puñado de lectores, y que me convirtió a mí en un escritor profesional– estaba más dispuesto que nunca a pasar por alto su lealtad a Sartre y la literatura comprometida, y hasta su conspicua condición de intelectual. Pero, Dios santo, pensé al leer la frase tremenda con que remataba su artículo, ¿ahora resulta que yo también soy un escritor comprometido? ¿Cómo es posible caer tan bajo? ¿Es este el precio del éxito?

Así que días más tarde, exactamente el 11 de septiembre de 2001, cuando conocí a Vargas Llosa, lo primero que hice fue agradecerle su artículo, pero lo segundo fue recordarle que me había llamado escritor comprometido. «Eso no me lo dices en la calle», añadí. Vargas Llosa se rió. Estábamos sentados en «un restaurante lleno de fantasmas», como él mismo escribió años más tarde, «en una extraña noche en que Madrid parecía haber quedado desierta y como esperando la aniquilación nuclear», y, cuando dejó de reírse, el escritor peruano me explicó qué entendía él, a aquellas alturas, por literatura comprometida. Lo que vino a decir fue más o menos lo mismo que en realidad ya había dicho en su artículo: comprometida era, para él, la literatura que no es un mero juego ni un simple pasatiempo, la literatura seria, la que rehúye la facilidad y se atreve a encarar, con la máxima ambición, grandes asuntos morales y políticos. Le pedí a Vargas Llosa que me pusiera un ejemplo actual de escritor comprometido; me puso dos, que por entonces a mí sólo me sonaban: el sudafricano J. M. Coetzee y el japonés Kenzaburo Oé.

Que yo recuerde, aquella noche no hablamos más sobre ese asunto. En los años siguientes, sin embargo, Coetzee y Oé se convirtieron en dos autores importantes para mí. A ambos los conocí personalmente, pero nunca tuve ocasión de preguntarle a Coetzee si se consideraba un escritor comprometido y qué entendía él por literatura comprometida; en cambio, a Oé –que escribió su tesis doctoral sobre Sartre, que importó la literatura comprometida a Japón y que es acaso el más influyente intelectual japonés– sí me resolví a preguntarle una vez qué era para él la literatura comprometida. Ocurrió en un diálogo público que mantuvimos en Tokio, en otoño de 2010; su respuesta fue más reveladora que halagadora. Dijo que, cuando leyó la traducción japonesa de *Soldados de Salamina*, le llamó mucho la atención una escena, recurrente en la novela, en la que un joven soldado republicano baila agarrado a un fusil un pasodoble. Dijo que no sabía lo que era un pasodoble y que se lo preguntó a su hijo Hikari. Los lectores de Oé no ignoramos quién es su hijo, porque la obra del escritor japonés quizá no se entiende sin él: Hikari fue un niño nacido con graves deficiencias mentales, tantas que los médicos aconsejaron a Oé que lo dejara morir; pero Oé no les hizo caso, y ahora mismo Hikari, gracias al amor y los cuidados de su padre y de su madre, no sólo está vivo sino que es un prestigioso compositor musical. De modo que Oé, según contó aquel día en Tokio, le preguntó a su hijo qué era un pasodoble, aunque su hijo no pudo ayudarle mucho, porque a él sólo le interesa la música clásica. Al final, no recuerdo cómo, Oé dio con una pieza con ritmo de pasodoble en el preludio de la ópera *Carmen*, de Bizet, cogió a su mujer y, en el salón de su casa, se puso a bailar aquella extraña música con ella, ante la mirada de su hijo Hikari, como la había bailado o como imaginaba que la había bailado, en un bosque remoto de un país remoto, setenta años atrás, el soldado republicano de mi novela. «Eso es la literatura comprometida —concluyó Oé—. Una literatura que te compromete por entero, una literatura en la que uno se involucra de tal modo que no sólo quiere leerla, sino también vivirla.»

No puedo asegurar que fueran ésas exactamente las palabras de Oé; puedo asegurar que la idea era exactamente ésa. Por lo menos desde mi fantasmal 11 de septiembre de 2001 con Vargas Llosa en Madrid, yo intuía que estaba equivocado, que había que reformularlo todo —sobre todo la idea de la literatura comprometida, pero también la del intelectual—, que había que volver al principio; aquel día en Tokio, con Oé, supe que era imprescindible hacerlo.

2

Volvamos al principio, entonces. ¿Qué es un intelectual? ¿Qué es un escritor comprometido? ¿Qué es la literatura comprometida?

Como era de temer, a mis dieciocho años me equivocaba: en realidad, *¿Qué es la literatura?*, el libro de Sartre, tenía mucho interés; más aún, casi setenta años después de su publicación todavía lo tiene. Es verdad que a veces se hacen en él valoraciones injustas y afirmaciones dudosísimas o disparatadas, y que su autor no siempre renuncia a pontificar en un tono dogmático, a veces insufriblemente paternalista; no es menos verdad, sin embargo, que algunas de las ideas fundamentales de ese ensayo siguen siendo estimulantes y atinadas: su teoría de la lectura como «creación dirigida», por ejemplo, o su reacción contra el equívoco de *l'art pour l'art* y contra las concepciones románticas del artista como genio irresponsable. Para Sartre, en cualquier caso, la literatura no es adorno ni entretenimiento, sino acción; el resultado de esa acción es una revelación: la revelación de lo real; y el resultado de esa revelación es una revolución: según Sartre, la literatura sirve para transformar la realidad, es decir, para cambiar el mundo; también para cambiar a los hombres, llevándoles a asumir plenamente su responsabilidad, el único modo de acceso a la liberación personal. Todo esto guarda una relación evidente con una idea central en el pensamiento del filósofo francés, de acuerdo con la cual el hombre es por completo responsable de su destino —«estamos condenados a ser libres», según su célebre fórmula–, pero lo que importa ahora es que le llevó al corolario de que literatura debía estar al servicio de la revolución proletaria, es decir del comunismo; el resultado fue que, aunque Sartre insistió a menudo en que el compromiso no debía relegar la literatura, sus ideas condujeron a menudo a una literatura propagandística, de vuelo cortísimo, que olvidaba que en literatura es imposible tener ambición política y moral sin tener ambición estética, o que es imposible cambiar la realidad sin cambiar antes la representación de la realidad.

La conclusión era equivocada, pero el punto de partida no. Si bien se mira, las premisas de Sartre no están en absoluto alejadas de las ideas de los formalistas rusos, en particular Víktor Shklovski: según él, la misión del arte consiste en desautomatizar la realidad, en convertir en extraño y singular lo que, a fuerza de tanto verlo, ha acabado pareciéndonos normal y corriente. Es, en mi opinión, una idea inapelable. Montaigne observa que la costumbre borra el perfil de las cosas, volviéndolas imprecisas y anodinas; pues bien, lo que hacen el arte en general y la literatura en particular, o lo que deberían hacer, es permitirnos mirar la realidad –la realidad física, pero también la realidad moral y política– como si la viésemos por vez primera, con todos sus perfiles, en toda su maravillosa plenitud y todo su espanto, arrebatándole la máscara automatizada de la costumbre. «Nombrar es desenmascarar –escribió Simone de Beauvoir, resumiendo en una frase feliz el pensamiento literario de Sartre–, y desenmascarar es cambiar.» La literatura, por lo tanto, representa un desnudamiento de la realidad, pero también una refutación, y el escritor es, para la sociedad, «una conciencia inquieta», por decirlo de nuevo con Sartre, un incordio, un insumiso, un respondón, un impugnador de los valores comúnmente aceptados, y sus obras el instrumento de tal impugnación. Ésa es, todavía hoy, la idea de la literatura y del escritor que defiende Vargas Llosa, a pesar de que en tantos otros sentidos sus posiciones estén ahora en el polo opuesto a las de Sartre: para el escritor peruano la literatura sigue siendo fuego, y el escritor un aguafiestas. Tampoco está lejos de esa idea la idea del Kafka que, en una carta que nunca se citará demasiado, escribía: «Si el libro que leemos no nos despierta de un puñetazo en el cráneo, ¿para qué leerlo?»; y concluía, famosamente: «Un libro tiene que ser un hacha que rompa el mar de hielo que llevamos dentro» (ese mar es la costumbre de Montaigne, el automatismo de Shklovski). Ni por supuesto queda muy lejos de ellas la idea de la literatura de Oé, aunque parezca menos próxima al compromiso de Sartre que al de Michel Leiris, quien abogaba en *La edad del hombre* no por una literatura comprometida en el sentido sartreano, sino por «una literatura en la que yo me comprometía por entero». En cualquier caso, y a pesar de sus distintos matices, todas estas posturas tienen algo fundamental en común: su ambición, su altísima idea del papel de la literatura y el escritor, su absoluta seriedad.

Eso es algo que, sin duda en parte por reacción, tendió a desatender o a proscribir la literatura posmoderna, o más bien la versión menos consistente aunque quizá más extendida de la literatura posmoderna. Tal vez el primer escritor posmoderno de mi generación que lo vio fue David Foster Wallace. Su crítica de la posmodernidad es, a mi modo de ver, casi del todo atinada; pero sólo casi. Foster Wallace acierta por completo cuando afirma que nuestra cultura se ha vuelto de un escepticismo congénito, que nuestros escritores desconfían por completo de las creencias firmes y las convicciones abiertas y que la pasión ideológica los asquea profundamente; también acierta al sostener que lo que nos ha llegado del auge de la posmodernidad, quizá malinterpretándola, ha sido sarcasmo, cinismo, *ennui* permanente y recelo de cualquier autoridad; y desde luego tiene toda la razón cuando, en 1996, en una apasionada vindicación de Dostoievski, afirma que la feroz gravedad del novelista ruso sería considerada a menudo, por la actual ortodoxia posmoderna, pretenciosa y ridículamente sentimental, y que no provocaría indignación ni improperios, sino algo peor: una ceja levantada y una sonrisa sardónica. Todo esto, ya digo, me parece exacto. Pero Foster Wallace va más allá, y acaba atribuyendo la falta de ambición y seriedad de la narrativa de nuestro tiempo –su incapacidad para escribir sobre «las viejas certezas y verdades del corazón» de las que hablaba Faulkner– a la omnipresencia de la ironía, al hecho de que, dice, «la ironía posmoderna se ha convertido en nuestro hábitat»; lo cual parece llevarle por momentos a abogar por una literatura propositiva, capaz de transmitir certezas, de dar respuestas y presentar soluciones.

Es un error. Un error comprensible, si se quiere, sobre todo en alguien tan empapado por la ironía, el sarcasmo y el cinismo posmodernos como Foster Wallace y a la vez tan desesperado por liberarse del nihilismo al que todo ello le empujaba; un error que dice mucho, también, del callejón sin salida en que se hallaba la propia obra de Foster Wallace, incapaz de emanciparse de su dependencia del posmodernismo. Pero un error al fin y al cabo. La literatura, y en particular la novela, no debe proponer nada, no debe transmitir certezas ni dar respuestas ni prescribir soluciones; al revés: lo que debe hacer es formular preguntas, transmitir dudas y presentar problemas y, cuanto más complejas sean las preguntas, más angustiosas las dudas y más arduos e irresolubles los problemas, mucho mejor. La auténtica literatura no tranquiliza: inquieta; no simplifica la realidad: la complica. Las verdades de la literatura, pero sobre todo las de la novela, no son nunca claras, taxativas e inequívocas, sino ambiguas, contradictorias, poliédricas, esencialmente irónicas. Es muy probable que la ironía destructiva, aquella que se funde o se confunde con el sarcasmo y hasta con el cinismo, conduzca a un nihilismo despiadado y estéril; pero la ironía cervantina, la que muestra que la realidad es siempre equívoca y múltiple y que existen verdades contradictorias, es una herramienta indispensable de conocimiento. Esa ironía no es lo contrario de la seriedad, sino en cierto sentido su expresión máxima; sin ella, en todo caso, apenas hay narrativa digna de tal nombre, o por lo menos novela. El diagnóstico que Foster Wallace hacía de los males de la posmodernidad no era equivocado; parcialmente lo era su formulación, y sobre todo lo era su remedio contra ellos, un remedio que a veces linda con la versión más pedestre de la literatura comprometida, o se adentra en ella. Digo la más pedestre. Porque lo cierto es que, en el fondo, toda literatura auténtica es literatura comprometida, al menos en la medida en que toda literatura auténtica aspira a cambiar el mundo cambiando la percepción del mundo del lector, que es la única forma en que la literatura puede cambiar el mundo; al menos en la medida en que toda literatura auténtica exige un compromiso, una implicación absoluta en ella, primero del autor y luego del lector, que es otro autor; al menos en la medida en que toda literatura auténtica es de una seriedad absoluta, no porque no use la ironía y el humor −que son dos de las cosas más serias que existen−, sino porque es revelación y desenmascaramiento y por tanto impugnación de la realidad, fuego, dinamita, subversión moral y política, cualquier cosa salvo mero pasatiempo carente de consecuencias.

Todo lo anterior no significa que el novelista no pueda o incluso deba tener (o recuperar) pasiones ideológicas, creencias firmes y convicciones fuertes; significa que esas pasiones, creencias y convicciones no deben trasladarse tal cual, en crudo, a la novela, haciendo de ella un vehículo o una ilustración de las mismas: más bien, la novela debe ponerlas en cuestión, socavarlas, reelaborarlas y transformarlas en el carburante de su propia y contradictoria complejidad. O dicho de otro modo: tal vez quien puede o incluso debe tener esas pasiones, creencias y convicciones no es la novela sino el novelista. Con lo cual abandonamos el territorio de la literatura comprometida para adentrarnos en el territorio del intelectual.

3

Sabemos lo que es un intelectual: se trata de una persona que, además de dedicarse profesionalmente a una actividad intelectual por la que ha adquirido cierto grado de reconocimiento, interviene en el debate público. Sabemos también cuándo y cómo nació. Según Stefan Collini, la primera vez que el término intelectual se usa como sustantivo es en 1815 y en un texto de Byron, pero la figura del intelectual, o al menos su esbozo, existía con anterioridad. De hecho, cuando en 1784 Kant afirma que una de las condiciones de la Ilustración consiste en que el individuo pueda hacer un uso público de la razón, entendiendo por uso público «aquel que, en calidad de maestro, se puede hacer ante el gran público del mundo de lectores», lo que está haciendo es definir la función del *philosophe*, que no es más que el antecesor directo del intelectual; la función o al menos una parte de la función: la otra parte –la de ser «el último recurso de todas las víctimas de la injusticia legal», por decirlo con palabras de Alain Minc– la desempeñaba como nadie y por la misma época Voltaire, prototipo del *philosophe* y acaso el primer intelectual moderno. Y sabemos, en fin, que la figura y la denominación de intelectual no se institucionalizan hasta finales del siglo XIX, cuando estalla en Francia el caso Dreyfus, igual que sabemos que a partir de entonces el intelectual adquiere tal autoridad y relevancia que se ha podido hablar del siglo XX como el siglo de los intelectuales. Tal vez lo fue, sobre todo en Francia. Previsiblemente, muchos intelectuales no fueron fieles a la nobleza teórica de sus orígenes: ni fueron un baluarte contra las injusticias, ni fueron lo que el intelectual (o el *philosophe*) venía a ser para Kant, es decir, una especie de sustituto laico del sacerdote dispuesto no a predicar dogmas, como el sacerdote, sino a adiestrar en el uso de la razón con el fin de eliminar el oscurantismo y la ignorancia. No: la realidad es que muchas veces el intelectual predicó la sustitución de un dogma por otro, renunció a la libertad de la razón para someterse a la unanimidad de las consignas, justificó las peores atrocidades, difundió o fue incapaz de denunciar las mentiras más flagrantes y utilizó las causas que defendía para promocionarse, apoyándolas no porque fueran justas o respetables sino por los beneficios que podían acarrearle; unido a la arrogancia de tantos, a su coquetería, su frivolidad, su snobismo y su egotismo, a su facilidad para ceder a vistosos radicalismos de salón y a su falta de sentido común, esto convirtió a los intelectuales en una casta de niños mimados. «Toda idea falsa acaba con sangre —escribió Albert Camus—, pero se trata siempre de la sangre de los demás. Esto explica que algunos de nuestros pensadores se sientan libres de decir cualquier cosa.» Así fue, y en el fondo no es tan raro: igual que el énfasis en la verdad delata al mentiroso, el énfasis en la responsabilidad del escritor fue un disfraz perfecto de la perfecta irresponsabilidad del escritor.

Esto ocurrió sobre todo a mediados de siglo pasado y sobre todo en París, cuando París todavía era París; es decir: el centro cultural del mundo. De modo que es comprensible que dos o tres décadas más tarde, mientras moría en su casa parisina Sartre, el mayor representante de esos intelectuales, el desprestigio del gremio fuera tremendo, y que ni siquiera un adolescente español de provincias como yo quisiera ni por asomo pertenecer a él. ¿Han cambiado las cosas en estos últimos treinta años? Por supuesto, pero, en relación con los intelectuales, sólo a peor, al menos según la opinión mayoritaria, de acuerdo con la cual estamos asistiendo o hemos asistido ya al fin de los intelectuales. Mi impresión, sin embargo, es exactamente la contraria: no sólo no creo que hayan desaparecido los intelectuales, sino que creo que ahora mismo hay más intelectuales que nunca (y que quizá son más influyentes que nunca).* Es verdad que esos intelectuales ya no son igual que los de antes y que, como la vida social funciona del mismo modo que la naturaleza —donde nada se crea ni se destruye, sino que sólo se transforma—, los intelectuales han cambiado de manera sustancial: por ejemplo, ya no existe (o es muy minoritario) el intelectual dogmático, instalado, como dice Tony Judt, «en la seguridad que se deriva de una cultura política rebosante de confianza, de un conocimiento de ciertas "verdades" simples en torno a la historia y la sociedad». No existe por fortuna, habría que añadir. Pero también habría que añadir que, en nuestras sociedades, apenas existe un escritor, un periodista o una persona con una cierta relevancia social —incluidos cineastas, pintores, actores o cantantes— que no se pronuncie sobre asuntos públicos en sus declaraciones, lo que de manera automática los convierte en intelectuales. En España, sin ir más lejos, es difícil pensar en un escritor más o menos conocido que no tenga una columna en algún periódico, o que no aparezca en alguna tertulia radiofónica o televisiva, y que no

* Ya en pruebas de imprenta estas páginas, constato que no soy el único que piensa tal cosa, por lo menos en Francia, donde a principios de otoño de 2015 arrecia de nuevo la discusión sobre el papel de los intelectuales. Desencadenada por unas palabras de Michel Onfray en las que abogaba por colaborar con el Front National —el partido nacionalista, ultraderechista y xenófobo de Marine Le Pen—, la polémica ha merecido acaloradas discusiones en primeras páginas y nutridos dossieres publicados por los principales medios de comunicación galos, de *L'Obs* a *Libération*. El 28 de septiembre *Le Monde* constataba que intelectuales como el propio Onfray, pero también como Alain Finkielkraut o Michel Houellebecq, están sustituyendo a los políticos en los medios de comunicación y se preguntaba a toda página en su portada: «¿Van a ocupar los polemistas el lugar de los políticos?». Todo indica que lleva razón Jacques Julliard cuando el día anterior afirmaba en *Le Figaro*: «Hay que acabar con esa idea según la cual el tiempo de los intelectuales pertenece al pasado, al tiempo de Zola o de Sartre. Sartre tuvo mucha menos influencia sobre la política francesa de su tiempo que los intelectuales de hoy».

opine con más o menos claridad o acierto sobre cuestiones políticas, lo que también hace de él un intelectual, le guste o no el membrete. Yo mismo, para no aplazar más la confesión, escribo cada dos semanas en un periódico, así que yo también soy —Dios me perdone— un intelectual: la prueba es que en mis columnas no sólo hablo de lo que me atañe a mí, sino también de lo que atañe a mis lectores, es decir a la *polis*, palabra que como se sabe significa en griego ciudad pero también ciudadanía, y que es el origen de nuestra palabra política.

Alguien podría preguntarse por qué lo hago, por qué escribo sobre política; yo mismo me lo pregunto a menudo, porque soy consciente de los problemas que para un novelista supone hacerlo. Uno de ellos es que, como advierte Milan Kundera, el novelista puede llegar a ser más conocido por sus opiniones políticas que por sus novelas, cuando lo mejor que tiene que decir lo dice con sus novelas, no con sus opiniones políticas. Otro problema —quizá más importante todavía, también más inquietante— es que, en varios sentidos cruciales, el novelista y el intelectual son no sólo personajes distintos sino opuestos. El novelista formula interrogantes, siembra dudas, propone paradojas, inocula contradicciones y no da nunca respuestas, o sus respuestas son siempre ambiguas, contradictorias, esencialmente irónicas; no digo que, en circunstancias normales, el intelectual (o el novelista metido a intelectual) no pueda o incluso deba hacer lo mismo en sus comentarios y reflexiones, sembrando dudas, ambigüedades y perplejidades sobre la actualidad y formulando interrogantes acerca de ella. Pero lo cierto es que, por muchas dudas, interrogantes, ambigüedades y perplejidades que siembre, en situaciones límite —esas que definen al intelectual como definen a cualquier otro hombre— el intelectual no puede eludir tomar partido, debe aceptar o negar, transigir o rebelarse, decir sí o no: aunque no renuncie a seguir planteando preguntas, en tales casos no puede no dar respuestas claras, nítidas y taxativas. Esto le aleja por completo del novelista, si no le coloca frente él, o le enemista con él. Lo cual significa que el novelista que acepta correr el riesgo de intervenir en la vida pública, por los motivos que fuere —por soberbia, por afán de notoriedad, porque siente la obligación o el impulso de hacerlo, o simplemente por el temor a verse devorado por el autismo narcisista que lo asedia de continuo, amenazando con hacer de él un mamarracho sin remedio–, debe saber que puede convertirse en un individuo escindido. No hay que descartar que esa escisión resulte provechosa y que el novelista y el intelectual acierten a estimularse mutuamente, retroalimentándose, de manera que uno dote al otro de lo que carece (y viceversa), o, mejor aún, combatiéndose, de manera que ambos salgan fortalecidos de la pelea, sobre todo si el novelista no es sólo capaz de evadirse de las convicciones del intelectual, sino también de sabotearlas, sometiéndolas a una crítica implacable, a un permanente y feroz cuestionamiento, porque el intelectual escribe sólo (o principalmente) con la parte racional del hombre, pero el novelista escribe con el hombre entero: con la parte racional y quizá sobre todo con la irracional (con sus pasiones, sus obsesiones, sus pesadillas y sus deseos). Todo esto es verdad, pero también es verdad que la escisión entre el novelista y el intelectual puede acabar siendo mortífera, y que las certezas y claridades obligadas del intelectual pueden aplastar a las obligadas incertidumbres, paradojas y ambigüedades del novelista, de tal manera que éste deje de ser un novelista para convertirse en un mero agitador, en un propagandista o un apóstol. En cualquier caso, sea cual sea la convivencia de esos dos personajes en la misma persona, puede darse por descontado que será casi siempre vidriosa y conflictiva.

Cabría enumerar otros riesgos que afronta cualquier novelista que interviene en el debate público; pero, bien pensado, la pregunta pertinente no es por qué hay novelistas que lo hacen, aun sabiendo que pueden equivocarse, sino por qué hay novelistas que no lo hacen, aún sabiendo que pueden acertar: al fin y al cabo el novelista es un ciudadano como cualquier otro, y tiene una responsabilidad como novelista, pero también como ciudadano. No encuentro una respuesta para esa pregunta, pero cada vez que me la hago me asalta el recuerdo de unas palabras de Ezra Pound, que no era novelista pero intervino como el que más en el debate público, equivocándose como el que más: «Haré declaraciones que pocas personas se pueden permitir porque pondrían en peligro sus ingresos o su prestigio en sus mundos profesionales, y sólo están al alcance de un escritor por libre. Puede que sea un tonto al usar esta libertad, pero sería un canalla si no lo hiciera».

Una cosa está clara: dado que hay más intelectuales en ejercicio que nunca —aunque sólo sea porque hay más medios de comunicación que nunca y éstos se alimentan en gran parte de las opiniones y tomas de posición de personas conocidas–, urge reformular la tarea del intelectual, dotar a esa figura en teoría desacreditada pero en la práctica vivísima de una nueva función y quizá de un nombre nuevo. ¿Cómo hacerlo? No tengo ni la menor idea, por supuesto. Lo único que sé es que me chiflaría que el nuevo intelectual interviniese en la vida pública con el tono y la actitud del simple ciudadano, no con los del intelectual; que prescindiese de poses pomposas y oraculares, de cualquier pretensión de superioridad moral y de las confortables seguridades de los dogmas y las adscripciones partidistas; que administrase con cuidado, si hace falta con cicatería, sus declaraciones públicas y su relación con los medios, oponiéndose a la voracidad indiscriminada de éstos. También me volvería loco de contento si el nuevo intelectual resistiese a brazo partido la tentación más insidiosa que le acecha, que es la de creerse en posesión de la verdad; si a todas horas pusiese en tela de juicio sus ideas y entendiese que la crítica empieza por la autocrítica y la ironía por la autoironía; si de una vez por todas se metiese en la cabeza que la moral es previa a la política y que es imposible ser un intelectual decente sin ser un hombre decente, porque, aunque haya rectitud moral sin rectitud política (dado que los hombres decentes no están exentos de cometer errores de juicio), no hay rectitud política sin rectitud moral (dado que existen los canallas de las buenas causas, pero las buenas causas siempre acaban contaminadas por los canallas). Me pondría a dar saltos de alegría si el nuevo intelectual se ganase su ascendiente no sólo a base de inteligencia y conocimiento sino también de humildad y generosidad, por supuesto de respeto a la verdad, y si no olvidase ni un momento que, al menos en su caso, la rectitud moral depende de su capacidad de reflexionar con el máximo cuidado, de formular ideas correctas o que a él le parecen correctas y de actuar de acuerdo con ellas y no de acuerdo con lo que le conviene pensar, aunque haciéndolo perjudique su carrera, su reputación o su bolsillo. Y, créanme, estaría dispuesto a aprender a tocar las castañuelas, o en su defecto el trombón de varas, a cambio de que el nuevo intelectual prescindiera de cualquier fe política inamovible salvo la fe en la democracia, entendida ésta como un sistema político imperfecto —la única democracia perfecta es una dictadura— pero infinitamente perfectible. Todo lo anterior es sólo, claro está, el desiderátum de un hombre que no cree en los desiderátum; en realidad, lo que me parece indispensable en el nuevo intelectual es una sola cosa, mucho menos sofisticada o más elemental que las anteriores, aunque mucho más difícil.

Me explico. A los dieciocho años yo también estaba equivocado en esto: ni Borges vivió encerrado en la infinita erudición de su biblioteca, ni Kafka en la lucidez vertiginosa de sus pesadillas. Ambos eran mis héroes a los dieciocho años y lo siguen siendo a los cincuenta y tres, pero ahora ya sé que ni uno ni otro eran como yo creía que eran. Borges nunca ignoró con olímpico intelectualismo la política; al contrario: de joven se entusiasmó con la revolución rusa, de mayor combatió el peronismo y defendió la democracia y al final de su vida apoyó algunas dictaduras latinoamericanas, un error del que en seguida se arrepintió. En cuanto a Kafka, con el tiempo hemos sabido que seguía atentamente la vida política de su país, que asistía a menudo a mítines electorales y actos políticos, en especial de líderes socialdemócratas, y que participaba en las asambleas del grupo revolucionario Klub Mladých y de la asociación obrera Vilém Körber. De manera que, cuando el 2 de agosto de 1914 anota en su diario que se ha ido a nadar después de conocer la noticia de que Alemania ha declarado la guerra a Rusia, lo que hay que deducir no es que a Kafka no le importase que hubiera estallado la guerra, como hacía yo en mi ignorancia adolescente; lo que hay que deducir es que, en vez de reaccionar con precipitación y con furia o con miedo o con falsas o improvisadas certezas ante un hecho cuyo alcance y cuyas consecuencias nadie podía conocer aún, Kafka prefiere reflexionar sin prisa sobre él, yéndose a nadar. Es exactamente lo primero que debería hacer el nuevo intelectual ante una situación parecida, extrema; lo segundo también puedo ejemplificarlo con una anécdota del escritor checo. Cuenta un contemporáneo suyo, el novelista Michal Mares, que un día de 1912 Kafka participó en un acto de protesta contra la ejecución del anarquista Liabeuf en París; la policía irrumpió violentamente en la reunión y, en medio del altercado, todo el mundo pudo verlo, muy alto y delgado, con su cara de pájaro, «quieto de pie en medio de la batalla entre los policías y los manifestantes», negándose a obedecer la orden de disolverse en nombre de la ley, hasta que los guardias se lo llevaron a comisaría.

Los dos hechos que acabo de referir son para mí el doble emblema del nuevo intelectual. Un viejo amigo y yo solemos discutir desde hace años, entre copa y copa, sobre las características que debería reunir nuestra sociedad perfecta; al final, después de muchas discusiones, hemos llegado a la conclusión de que en esa república ideal sólo hay tres personajes imprescindibles: un maestro, un médico y un hombre que dice No. El maestro es quien enseña a vivir; el médico es quien enseña a morir; el hombre que dice No es quien preserva la dignidad colectiva: es el hombre que, en las situaciones límite, en los momentos más comprometidos, cuando se decide el destino de la sociedad y más difícil es conservar la cabeza y todos o casi todos pierden el sentido de la realidad y dicen Sí por un error de juicio y quienes no lo hacen no se atreven a decir No por temor a ser rechazados por la mayoría, en ese momento, después de haberse ido a la piscina y haber reflexionado sin prisa y con la mayor seriedad y haber llegado a una conclusión, tiene el valor de decir No, tranquilamente, sin levantar la voz, con la misma terca impavidez y la misma falta de gestualidad y la misma discreción inflexible y la misma firmeza estatuaria con que Kafka dijo No aquel día de 1912, en medio de la batalla entre la policía y los manifestantes. Este hombre no se propone erigirse en ejemplo para nadie ni dar lecciones a nadie; tampoco dice No por el placer o el capricho o la vanidad de la contradicción, ni es un conformista del inconformismo, ni obtiene ningún rédito económico o profesional de su negativa: simplemente tiene la valentía de pensar con lucidez y de actuar de acuerdo con lo que piensa. Este hombre es el enemigo del pueblo de Ibsen, el hombre rebelde de Camus, en muchos sentidos el protagonista de las grandes novelas de Kafka. Este hombre encarna la dignidad del intelectual.

EPÍLOGO

UN ARMA DE DESTRUCCIÓN MASIVA

Aunque sea fruto del azar, este libro no es fruto de la improvisación. Las principales ideas que en él se exponen han ido madurando a lo largo de los últimos años, y en algunos casos sus primeras formulaciones por escrito datan de hace tiempo. Desde entonces mis juicios sobre la novela y los novelistas no han cambiado mucho; más bien se han ido afianzando, o quizá simplemente es que he aprendido a formularlos mejor. Lo que sí ha cambiado en parte, se diría, son las expectativas del lector común y corriente, su forma de leer novelas, hasta el punto de que quizá podría objetarse que la primera parte de este libro, donde se discurre sobre la naturaleza novelesca (o no) de *Anatomía de un instante*, tal vez resulte ahora mismo un poco superflua, porque ya no es cierto, o no tanto, que todo lo que se aparta del modelo novelesco del siglo XIX incomoda o desasosiega a aquel lector, por no decir que le provoca rechazo. La objeción es razonable: la prueba es que, apenas cinco años después de la publicación de la citada novela, todo el mundo ha aceptado sin mayores inconvenientes que *El impostor*, mi última novela, es una novela, a pesar de que, como *Anatomía*, carece de ficción, y a pesar de que su multiplicidad genérica es, si cabe, todavía más intensa y más visible que la de *Anatomía*. Podría pensarse que esto es así porque los lectores ya se han resignado a mis rarezas por lo mismo que los cuerdos damos la razón a los locos; pero no es verdad: la verdad, me parece, es que en los últimos años se está aclimatando en muchos lugares un modelo más libre, más plural, más abierto y más flexible de novela, y que nadie o casi nadie se pregunta ya, por ejemplo, si *Mi lucha*, el admirable ciclo autobiográfico de Karl Ove Knauvsgård, es una novela o no lo es. Lo cual demuestra, por si hacía falta, que la novela sigue conquistando territorio nuevo, y que la famosa discusión sobre su acabamiento sólo es un síntoma inequívoco del acabamiento de quien la promueve. Añadiré que, si a pesar de todo lo anterior no he prescindido de la discusión sobre la naturaleza novelesca (o no) de *Anatomía,* no es sólo porque constituye una parte fundamental del argumento de este libro, sino porque en realidad es una discusión sobre la propia naturaleza de la novela. También aquí la pregunta es más importante que la respuesta.

Me consta que pueden hacerse muchas otras objeciones a las ideas que contiene este libro; ojalá las merezca: como dice Marcel Proust, las buenas ideas no son las que provocan el asentimiento sino la contradicción; es decir, las que generan nuevas ideas. Uno de esos reparos posibles se me antoja probable. Podría reprochársemele, en efecto, que la lectura que propongo de la tradición narrativa moderna, o de ciertas novelas y relatos capitales en la narrativa moderna, es un tanto teleológica, autojustificativa: dado que en mis novelas se mezclan los géneros, construyo o identifico una tradición de novelas donde se mezclan los géneros; dado que mis novelas giran en torno a un punto ciego, construyo o identifico una tradición de novelas del punto ciego. Este argumento también me parece correcto, sólo que no acierto a ver ningún reproche en él; todo lo contrario. T. S. Eliot razonó más de una vez la urgencia de que cada generación revalorice y reinterprete la literatura del pasado a la luz de su propia experiencia; esa necesidad colectiva empieza, claro está, por una necesidad individual, y por eso escribí páginas atrás que lo primero que busca de forma consciente o inconsciente cualquier escritor serio –quizá su primera obligación– es dotarse de una tradición propia, exclusivamente suya; lo primero y, añado ahora, también lo último, porque, al menos para un escritor, la tarea de releer la tradición es inagotable. Eugenio d'Ors no se equivoca: lo que no es tradición es plagio; así que la novedad está en lo antiguo, y escribir consiste en releer permanentemente lo viejo en busca de lo nuevo. Es posible que ésa sea la convicción literaria más arraigada en mí, y que esto explique lo que dice el narrador de mi primera novela, escrita cuando contaba poco más de veinte años, sobre su protagonista insensatamente flaubertiano: «En rigor, la literatura es un olvido alentado por la vanidad. Esta constatación no la humilla, sino que la enaltece. Lo esencial –reflexionaba Álvaro en los largos años de meditación y estudio previos a su obra– es hallar en la literatura de nuestros antepasados un filón que nos exprese plenamente, que sea cifra de nosotros mismos, de nuestros anhelos más íntimos, de nuestra más abyecta realidad. Lo esencial es retomar esa tradición e insertarse en ella; aunque haya que rescatarla del olvido, de la marginación o de las manos estudiosas de polvorientos eruditos. Lo esencial es crearse una sólida genealogía. Lo esencial es tener padres».

Vistas desde esta perspectiva, las páginas anteriores representan un enésimo intento de asentar mi propia genealogía, de señalar a mis progenitores literarios, y Borges sólo lleva razón a medias: no es únicamente que todo gran escritor cree sus precursores; es que, además, todo escritor auténtico –sea grande o pequeño– busca creárselos, porque sin ellos resulta imposible llegar a ser por completo un escritor igual que resulta imposible llegar a ser por completo sin padres. Cabe conjeturar que, en lo que a mí respecta, el primer paso consistiera en darme cuenta de que mis novelas operaban sobre la base de un punto ciego, de una minúscula indeterminación central, de una ironía o ambigüedad constitutiva e irradiante, y que a continuación comprendiera o intuyera o imaginara que no sólo mis novelas operaban así, que existía una dilatada tradición de novelas y relatos que también lo hacía, y que precisamente eran ellos los que más me habían interesado como lector, y los que más seguían interesándome, como lector y como escritor. Pero asimismo cabe conjeturar que no ocurriera eso sino lo contrario y que, después de pasarme la vida leyendo y releyendo novelas y relatos con punto ciego, yo acabara de manera casi natural escribiendo novelas y relatos de la misma raza, y que lo único que ahora haya hecho es ponerles nombre. En un caso yo me habría creado más o menos arbitrariamente una tradición para legitimar mi práctica de escritor, es decir para legitimarme; en el otro me habría limitado a aislar, dándole un nombre arbitrario, una cadena de la que yo soy un simple eslabón más (y no desde luego el último: lean, por ejemplo, *Las reputaciones*, de Juan Gabriel Vásquez). Me parece más verosímil lo segundo que lo primero, aunque ambas operaciones son lícitas; en el fondo, ambas quizá son la misma.

Ha quedado flotando aquí y allá una pregunta que no me gustaría dejar sin contestar, porque, aunque parezca anecdótica, atañe al meollo de este libro. La pregunta es: ¿cómo se explica que el *Quijote* no tuviera descendencia inmediata en España? ¿Cómo es posible que el idioma español tardase más de tres siglos en entender de verdad la lección de Cervantes y en seguir a fondo su ejemplo? ¿Por qué en la España del siglo XVII nadie fue capaz de asimilar de veras el *Quijote* y los españoles perdimos o abandonamos durante siglos la novela? ¿Cómo es posible que a nadie se le ocurriera en España imitar un libro que, por anómalo o extravagante que fuera, se convirtió en uno de los grandes éxitos comerciales de su época y que lógicamente —aunque sólo fuera por una lógica comercial— hubiera debido procrear seguidores? Igual que cualquier pregunta compleja, ésta tiene varias respuestas; tras este periplo por las novelas del punto ciego, una de ellas me parece evidente. El *Quijote* es un libro dominado de principio a fin por la ironía y la ambigüedad, por las verdades múltiples, tornasoladas, equívocas y contradictorias del punto ciego, un libro donde don Quijote es ridículo y heroico, trágico y risible, está loco y cuerdo, y donde casi todo es una cosa y su contraria, o donde al menos todo es más de una cosa a la vez, o por lo menos lo parece. ¿Quiénes podían entender un libro así en la España oscurantista y decadente del siglo xvii y gran parte del xviii, un país asfixiado por las verdades únicas, dogmáticas, monolíticas, aplastantes, paralelas y complementarias de la monarquía absoluta y la Iglesia, por las certidumbres indiscutibles y atemporales del Trono y el Altar, una sociedad casi a cal y canto cerrada a los nuevos aires de escepticismo científico y tolerancia ideológica, política y religiosa que empezaban a soplar en Europa? La respuesta salta a la vista: pocos, muy pocos; y ninguno de los que pudo entenderlo hubiera podido seguirlo. No sé: quizá cabría contar la historia de la lenta, precaria y trabajosa incorporación de España a la modernidad contando la historia de la forma trabajosa y precaria en que, lentamente, los españoles hemos acabado de entender el *Quijote*, suponiendo que hayamos acabado de entenderlo. Quizá España no se incorpora del todo a la modernidad hasta que no entiende a fondo el *Quijote*. Es verdad que, sin duda porque en Europa se estaban creando sociedades más oreadas y menos claustrofóbicas que la española, más racionalistas y porosas a las ironías y ambigüedades poliédricas de Cervantes, allí —sobre todo en ciertos lugares, como Inglaterra y Francia—, el *Quijote* se entiende mucho antes que en España, por lo menos se imita mucho antes, aunque no es menos verdad que Europa tarda siglo y medio en hacerlo. Bien pensado, sin embargo, en cierto sentido también Europa tarda mucho más. Ese sentido quizá es revelador de la gran revolución que representa el *Quijote* y de su significado para la modernidad; de su significado y, por extensión, del significado de las novelas del punto ciego.

No se me ocurre mejor manera de explicar lo que quiero decir que dar un rodeo por la teoría del pluralismo de los valores concebida por Isaiah Berlin. Según Berlin, durante muchos siglos la corriente central del pensamiento de Occidente ha sido fundamentalmente monista, dogmática, totalizadora. Se basaba en tres supuestos solidarios. El primero, que remite al principio de bivalencia aristotélico —según el cual una cosa no puede ser más que verdadera o falsa—, afirma que sólo puede haber una respuesta correcta para todas las preguntas genuinas: las demás respuestas son erróneas; si está formulada con claridad, ninguna pregunta puede por tanto tener dos respuestas correctas que al mismo tiempo sean distintas. El segundo supuesto afirma que existe un método para el descubrimiento de esas respuestas. El tercero afirma que todas las respuestas correctas deben por lo menos ser compatibles entre sí, que no pueden entrar en conflicto, porque una verdad —tanto si guarda relación con los hechos como si guarda relación con los valores— no puede ser irreconciliable con otra. De esto se deduce que esas verdades podrán formar un todo armonioso, de tal manera que, cuando hayamos descubierto todas las respuestas correctas a todas las cuestiones fundamentales y las hayamos unido como en un rompecabezas, el resultado será la suma de conocimientos necesaria para alcanzar la vida perfecta, el mundo ideal.

Berlin sostiene que todo esto es falso. Rastreando una visión del mundo opuesta a la anterior en una serie de pensadores laterales —una serie que arranca con Maquiavelo y sigue con Vico, Herder y Herzen—, Berlin sostiene que no todos los valores perseguidos por la humanidad, ahora y en el pasado, son necesariamente compatibles entre sí; sostiene que puede haber un conflicto entre fines genuinos, entre respuestas verdaderas a los problemas centrales del ser humano, y que los valores no sólo pueden chocar en el interior de un individuo sino también dentro de una sociedad: la libertad y la igualdad, por ejemplo, son valores dignos de ser deseados, fines valiosos por sí mismos, pero no siempre son compatibles, porque la total libertad para los poderosos y los dotados es incompatible con el derecho a una existencia decente de los débiles y los menos dotados. Esto significa que existen fines irreconciliables, propósitos magníficos pero antagónicos, verdades contradictorias, significa que algunos de los bienes supremos no pueden vivir juntos, que estamos condenados siempre a escoger entre ellos o a encontrar un equilibrio entre ellos, que no podemos tenerlo todo, ni en la teoría ni en la práctica, y que la idea misma de una solución última, de un mundo perfecto en el que todos los bienes conviven armoniosamente no es sólo impracticable sino incoherente; también es peligrosa. Porque, si es verdad que hay una solución definitiva para todos nuestros problemas y el mundo perfecto existe, entonces ningún sacrificio es demasiado costoso para conquistarlo, y merecerá la pena pagar cualquier precio para alcanzar esa sociedad ideal donde los seres humanos nos liberaremos de todas nuestras servidumbres y angustias y alcanzaremos por fin la felicidad. Para Berlin, por tanto, el monismo totalizador de la corriente dominante del pensamiento occidental está en la base de la gran tradición del pensamiento utópico y, aunque sea insostenible (o precisamente porque lo es), constituye la justificación ideológica de los totalitarismos del siglo XX y de la barbarie y las carnicerías que desencadenaron.

Estas ideas de Berlin han sido objeto de apasionadas discusiones en los últimos años: algunos han observado que existen secretos disidentes del *mainstream* monista del pensamiento occidental desde el inicio de la tradición escéptica; otros han identificado atisbos o muestras de las ideas de Berlin en filósofos anteriores a él, como Weber o Nietzsche; nadie, que yo sepa, ha conseguido refutarlas de manera convincente (en 2001, en un volumen de homenaje a Berlin, Ronald Dworkin lo intentó, con argumentos atendibles; tres años más tarde, Avery Plaw refutó esa refutación, con argumentos más atendibles todavía, en *Social Theory and Practice*). Sea como sea, parece evidente que Cervantes, quien leyó a Maquiavelo pero también a Erasmo (donde pudo encontrar vislumbres semejantes a los que quizá encontró en Maquiavelo), pertenece a la tradición pluralista o antimonista que Berlin remonta hasta Maquiavelo; pero no pertenece a ella como uno más de sus integrantes. En realidad, Cervantes es otra cosa. Porque lo cierto es que el autor del *Quijote* no sólo escribió una novela que, a diferencia de todas las obras literarias que la precedían, pivotaba sobre la ironía y la ambigüedad permanentes, sobre las verdades múltiples, equívocas y contradictorias del punto ciego (unas verdades que, dicho sea entre paréntesis, no necesariamente rompen con el principio aristotélico de bivalencia, sino que más bien operan al margen de él, como lo hace la lógica polivalente); Cervantes hizo sin saberlo algo mucho más importante: creó un género que, gracias a estar fabricado a imagen y semejanza de esa novela pionera e iniciática y gracias al prestigio que acumuló y al enorme éxito que cosechó en los siglos XIX y XX, acabó convertido en una auténtica arma de destrucción masiva del pensamiento monista y dogmático, totalizador, y quizá en el aliado más poderoso de una sociedad abierta, pluralista y democrática.

Se ha argumentado a menudo que teólogos, moralistas, comisarios políticos e intolerantes y fanáticos de todos los signos han recelado siempre de la novela, y siguen haciéndolo, por la misma razón por la que todas las dictaduras y sistemas totalitarios han procurado prohibirla o mantenerla bajo control: porque no hay novela digna de tal nombre que no entrañe un gesto de insumisión, una forma de rebeldía o protesta o desobediencia, una impugnación de la realidad, en la medida en que, a través de la ficción, la novela postula una realidad distinta a la de la experiencia diaria, no sometida a las constricciones e imperativos de ésta; todo lo anterior me parece válido, pero yo añadiría que los recelos y deseos de prohibición y de control que a lo largo de su historia han perseguido a la novela no guardan sólo relación con ello, sino también (y quizá principalmente) con el hecho de que las ambigüedades, ironías, equívocos y certezas huidizas y contradictorias que constituyen el nervio de las novelas —y en especial de las novelas del punto ciego, que son las que giran por completo en torno a ellas— irritan y desconciertan a los dogmáticos, los sublevan porque sienten o intuyen con razón que representan una ofensiva en toda regla contra las certidumbres sin fisuras y las verdades eternas con las que se sostienen. Antes dije que la naturaleza esencial del *Quijote*, su evidencia más profunda y revolucionaria, su absoluta genialidad, consiste en haber creado un mundo radicalmente irónico en el que no existen verdades monolíticas e inamovibles, sino en el que todo son verdades bífidas, ambiguas, precarias, poliédricas, tornasoladas y contradictorias. Ese mundo equívoco y escurridizo, sin seguridades inapelables, repugna al dogmatismo del pensamiento totalitario, resulta incompatible con él, y por eso constituye tal vez el instrumento más eficaz para socavarlo. Ese mundo es el mundo de las modernas democracias, el mundo en el que vivimos en Occidente tras el fracaso de los totalitarismos políticos del siglo xx, un mundo acosado por terribles problemas, carencias, injusticias, perplejidades y desafíos y en el que los dogmas falsarios pero tranquilizadores del monismo absolutista siguen teniendo un enorme poder, pero en el que hay cada vez más personas conscientes de que no existen soluciones globales, perfectas e inatacables, definitivas, o de que la única solución definitiva para todos los problemas consiste en asumir que no existe una solución definitiva o que la única solución definitiva es la búsqueda inacabable de soluciones. Ese mundo es el mundo de Cervantes, el mundo del *Quijote*, porque ha sido en gran parte configurado por él; ese mundo es el de las novelas del punto ciego. Un mundo en el que, como en las novelas del punto ciego, la última palabra la tenemos nosotros. Usted y yo.

NOTA FINAL

El artículo que está en el origen de la primera parte de este libro se publicó, con el título ajeno de «Il romanzo dà lezioni di storia», en el diario italiano *La Repubblica* (13 de enero de 2011). Una primera versión del texto, mucho más reducida que la actual, la leí en inglés como Raymond Williams Memorial Lecture en el festival Hay-on-Wye del Reino Unido, el 29 de mayo de 2011, y luego se publicó, con el título «La tercera verdad» y con bastantes cambios, en castellano en *El País* (25 de junio de 2011), en francés en *Esprit* (junio de 2011) y en alemán en *Lettre Internationale* (n.º 93, verano 2011). El segundo capítulo se publicó en la revista *Granta* (diciembre de 2015). Una primera versión del tercer capítulo apareció en la edición conmemorativa del cincuentenario de la publicación de *La ciudad y los perros* (Madrid, Real Academia Española-Alfaguara, 2012). En cuanto al cuarto y último capítulo, fue acogido en las páginas de la revista *Letras libres* (diciembre de 2015). Por lo demás, este libro se ha beneficiado de la lectura que de su borrador hicieron Jordi Gracia, Salvador Oliva, Francisco Rico y David Trueba y de la ayuda o la conversación de Tomislav Brlek, Vicente Cervera, Roger Crisp, Antonio Diéguez, Reidar Due, Cristóbal Fernández Zapata, Tim Gardan, Pau Luque, Jordi Llovet, Carlos Peña, Theron Pummer, Diego Rubio, Sally Shuttleworth, David Smith, Carissa Véliz, Edmund Williamson y Paola Italia. A todos ellos, gracias.